破綻する法科大学院と弁護士

弁護士観察日記

PART 2

河野真樹

共栄書房

破綻する法科大学院と弁護士——弁護士観察日記ＰＡＲＴ２◆目　次

第8章　弁護士の品格　185

まえがき

二〇〇一年六月、二一世紀の司法の役割やあり方を検討していた政府の司法制度改革審議会は、国民生活のさまざまな場面で、法曹に対する需要は多様化するという見通しのもと、改革構想を示します。そのなかで、司法試験合格者を二〇一〇年ころには年間三〇〇〇人にし、二〇一八年ころまでには実働法曹人口を五万人にするという、一〇年で合格者三倍の激増政策とともに掲げられたのが、法科大学院を中核とする新法曹養成制度でした。

受験勉強に偏重し、学生が予備校に依存している状況を問題視、司法試験での「点」の選抜を、法学教育、司法試験、司法修習を有機的に連携させた「プロセス」の教育に転換し、その中核である法科大学院では、専門的な教育と実務の融合を図る教育を行い、また多様なバックグラウンドを持つ法曹を輩出することも描き込まれました。

それから、一〇年経った今、その法曹人口激増政策とともに、法科大学院構想もまた破たんの危機に直面しています。合格率の低下、志願者の減少、そして学生の質の低下が懸念され始めているのです。

こうした危機を取り上げ出した大マスコミの報道によって、起きている事態そのものを知っている国民は増えていると思います。しかし、この構想の描き方のどこがおかしくて、どこが改められなければならないのか、肝心のそのことが伝えられていないように思えます。

そして、それがなぜ伝えられないのか、その先に描き込まれている、この国の弁護士たちの本当の姿はどのようなもので、彼らが登場する社会がどのようなものなのかもまた、多くの国民が知らないまま置かれているように見えるのです。

本書はこのことについて、まずは危機にある法科大学院制度から切り込んでみたいと思います。

序章

「受からない」法科大学院

法科大学院修了者の新司法試験合格率の下降が止まりません。二〇〇六年四八・三%、二〇〇七年四〇・二%、二〇〇八年三三・〇%、二〇〇九年二七・六%、二〇一〇年二五・四%、そして今回発表された二〇一一年が二三・五%。「受からない」法科大学院制度は、どんどんその程度を悪化させていることを示しています。

また、全七四校中、平均合格率を上回ったのは一八校、実に全体の七五・七%の法科大学院が平均以下、最高の一橋大学の五七・七五%から、最下位の姫路独協大学のゼロまでの開きがあり、法科大学院制度の合格率からみる学校間格差と偏りは歴然としたものになっています。

さらには、既修・未修別の合格率は、前者が三五・四%に対し後者は一六・二%と大きな開きがあり、これも「多様な人材確保」という理念が壁にぶつかっている現実を示しています。

つまりここで示されているのは、法科大学院という制度の現時点での「失敗」もしくは「見込み違い」のように見えます。法曹関係者のなかには、ここまでの法科大学院のふるわない実績に対して、これまで本音はともかく、表向きはデータ不足を理由に、「まだ分からない」として静観する見方もありましたが、さすがにそういう次元の話ではなくなってきています。

もちろん、合格率が伸びない法科大学院が穏やかでないのはいうまでもありません。既に今回の結果から六校が補助金減額の対象になっていると伝えられています。この六校に在籍している学生は、自分の実力とは関係なく不利益を被ることになりますが、それはその学校を選んだ自己責任ということになります。こうしたことがはっきりしてくれば、ますます合格率下位校に志望者は行かなくなりますから、学校の合格率は下がり、ずるずると下の方から、削減の対象になって消えゆく運命をたどります。

制度としてみれば、合格率最上位の一橋大以下、五割を超したのはたった三校です。当初掲げていた修了者「七、八割合格」には遠く及んでいないのですから、全校アウトの評価になっても不思議ではないのです。

この惨状は、本当に関係者の想定外だったのか――。「分かっていたらやらない」という理屈は理屈ですが、想定と現実の間に格差があるほどに、やはり疑問も生じてきます。

誤算の最大の理由は、七四校という立ち上げた法科大学院の予想外の多さがいわれてきました。これが「七、八割合格」未達成の看板に偽りありとする批判への当局の抗弁です。

この制度の想定として、一つ大きなポイントを指摘する意見があります。法科大学院構想が全大学体制で進められたこと、つまり、なぜあらかじめ設置数を制限し、一定の基準で参入を制限しなかったのか、という点です。この理由として挙げられているのは、仮にそういう方向で制度を導入しようとした場合、設置基準で大学間がもめて導入がスムーズにいかなかった可能性、さらには全大学であればこそ、最低年合格者三〇〇〇人というラインとも結び付いたというものです（小林正啓弁護士「こんな日弁連に誰がした？」）。

この見方に立つと、二つのことがいえるように思います。制度設計者にとって実は「乱立」は想定内であり、あえて前記目的を優先させるために、この方法が選択されたとみることもできること。もう一つは、仮に「乱立」になっても、「七、八割」の達成を含め、はじめから一定の合格率が確保されるとの見通しを付けていたのではないか、ということです。いまだに法科大学院関係者からは、司法試験で絞るな、合格させろ、といった声が聞こえてきますが、そもそもそこははじめから「門」の方の調整に期待していたのではないか、ということです。

また、この構想に対しては、当初から遠からず法科大学院の「淘汰」が始まり、結局、旧司法試験合格上位校だけの制度になるといったことも法曹関係者の間でささやかれていました。「淘汰」そのものを想定していた、「淘汰」に巻き込まれない関係者たちが、制度を推進していたとしても不思議ではありません。

補助金削減を含めて、今のところ、この制度による影響の責任は志望者の自己責任であり、制度設計者たちということにはなっていません。しかし、こうした制度をめぐる関係者の思惑や見立て違いを考えると、やはり割り切れないものが残ります。

第1章　破綻する法科大学院

1　「合格できない」制度の予想された結果

ある報道で、平成二一年度に法科大学院に入学した弁護士志望の三七歳の男性のこんな声が紹介されていました。

「結局、合格するには試験に受かるための暗記中心の勉強がすべて。交渉能力など実務的な経験も身につけたいが、まずは受からないと……」（二〇一一年六月二二日、「産経新聞」配信）

「点からプロセス」といっても、司法試験という「点」が残っている現実からすれば、これが多くの受験者の本音であることはだれもが分かっていることだと思います。いくらこれまでの「暗記中心」をやめ、「幅広い教養や柔軟な思考力を身につけた法律家の養成を目指す」といっても、現実がそうなっていない、あるいはそうならないことを含めて、関係者は想像できたのではないかと思えるのです。

いうまでもなく志望者は、法曹になる、そのために司法試験に受かるために、法科大学院に入学しています。試験に通らなければ元も子もないと考えれば、前記志望者のコメントのように受かる方に頭がいくのは当たり前で、掲げられている法律家の「質」にかかわるような勉強を二の次にせざるを得なくなるのは、ある意味当然です。

このことは法科大学院が、本来掲げている教育が当然合格につながる、つまり「暗記中心」の試験対策としての勉強ではなく、「幅広い教養や柔軟な思考力」を身につけるような勉強をしていれば合格する、もしくは資格が取れるというシステムではない、ということを意味します。

問題は、どうすればうまくいくのか、はじめから設計者が現実的にどのように想定していたのかがよく分からないということです。また「幅広い教養や柔軟な思考力」など、今の一発試験組が得られていないと位置付けざるを得ない「質」を仮に法科大学院が担保したとして、それをどうやって測るのか、そこがはじめからよく見えません。実務にも精通した教員がついて、教育のプロセスに立ち会い、なるほど彼はそうしたレベルに達したと「効果」認定でもしない限り、「点」の試験には変わりないじゃないか、ということです。

「点」の試験に変わりないという限界があるならば、志望者からすれば、法科大学院に予備校的教育を期待するのも、あるいは一発試験時代同様ほかの予備校に依存したくなるのも、当然の帰結です。これが想定できなかったということは、ほとんどあり得ないと思えるのです。

つまり、「質」と「成果」の関係が不透明なのです。合格率は法科大学院の評価と志望者の期待という「成果」につながりますが、本来の養成の目的がどう反映しているか、どう測られた結果なのかが分からないのです。

法科大学院の人気は急降下中です。受験者は平成二一年度二万五八五七人、二二年度二万一三一九人で、二三年度は二万五〇九人。入学者は二一年度四八四四人、二二年度四一二二人で、二三年度は三六二〇人と、初めて四〇〇〇人を割り込みました。合格率の低迷が背景にあるというのは大方の見方で、新司法試験スタート時の合格率四八・三%がどんどん下がり、二〇一一年には二三・五%にまで落ち込んでいます。

一方で、二〇一一年五月に始まった、法科大学院を経由しないバイパス「予備試験」を六四七七人が受験しています。法科大学院を本道とする描き方からは、その「形骸化」を恐れ、依然としてバイパス冷遇策の必要性をいう声が聞こえてきます。

しかし、事態ははっきりと一つの結論が出たことを示しています。志望者からすれば、法曹になれない法科大学院はもはや妙味なし、費用対効果としても選択の余地がなくなりつつある、ということです。

前記「産経」の記事は、立命館大学法務研究科（法科大学院）教授の松宮孝明研究科長の、こんなコメントで締めくくられています。

「予備試験の合格者が増えれば、旧来型の暗記重視の試験対策に回帰してしまう。経済的な事情が予備試験実施の理由ならば、法科大学院に通う際の支援制度の拡充で対策をとるべきだ」

おそらくこの制度を維持しようとする側は、基本的にこうしたスタンスだと思います。しかし、これが「点」の裁定が残るこの制度の根本的な問題解決につながると本気で思っているのか、少々疑いたくなります。とりわけ、とにかく「合格者を増やせ」「減らせなどという弁護士たちはけしからん」という法科大学院関係者の言い分からすると、もはやこの設計のなかで自信が持てる有効策が思いつかないのではないか、と思ってしまいます。

もちろん、志望者の期待にこたえることが制度の目的ではないという人もなかにはいるかもしれません。しかし、これまた制度を成り立たせるのは志望者であることを、大学関係者は知っています。これを左右するのは、どこまでいっても費用対効果です。人材の多様性を期待するのならば、なおさらのことです。

「質」を向上させるということが仮に現実化しても、費用対効果の問題はずっと引きずることになるこの制度をどうするのか。あるいは、どうにもならない結果が、とりあえず資格者を社会に放つという方向で決着するのではないか。

何を守るために何を犠牲にしようとするのかが、この制度をめぐる今後の議論のチェックポイントのように思います。

2 「弁護士会系」法科大学院挫折の意味

桐蔭横浜大学（横浜市）と大宮法科大学院大学（さいたま市）の統合が、弁護士の間で話題になっています。大宮は募集を停止、二〇一六年三月をめどに、事実上桐蔭横浜が「吸収合併」するということです。

伝えられる現実は、▽志願者が二〇〇四年度桐蔭横浜一〇二二人、大宮一六〇五人だったのが、一一年度はそれぞれ八一人、九六人に減少▽同年度の入学者は桐蔭横浜三八人（定員六〇人）、大宮二七人（同七〇人）▽二〇一〇年の新司法試験合格率は桐蔭横浜が七・二％（六人）、大宮は一〇・二％（一二人）で全国平均（二五・四％）以下▽大宮は設立以来、毎年一億〜三億円程度の赤字。桐蔭横浜も赤字が続いている状況――など。

法科大学院の統合は初めてですが、合格率の格差が生まれ、経営状態が悪化している現状からすれば、他人事ではない法科大学院はほかにもいくらもあるわけで、こうした統合・再編が進むという見通しも話題のタネになっています。

こうした現実もさることながら、今回の統合に弁護士が特別な見方をするのは、いうまでもなく、大宮法科大学院大学は第二東京弁護士会が全面的にバックアップした、弁護士会肝いりの法科大学院だったからです。他にもみられるような協力関係ではなく、いわば「弁護士会が弁護士を養成する」というコンセプトを明確にしていた法科大学院だったのです。

「第二東京弁護士会は、法曹一元の理想を掲げ、主導的に日本のロースクール構想をリードしてきた弁護士会です」

大宮法科大学院大学の「設置の趣旨」はこんな言葉から始まります。「新しい教育機関を創設し、現代の複雑化した問題を法的に解決できる能力を持った優秀な弁護士を育てること」が、ロースクールのあるべき姿であり、その姿を現実とするために、「このロースクール構想をリードしてきた」第二東京弁護士会が創設に大きくかかわったのだと、誇らしげに書かれています。前記のコンセプトへの関係者の期待感がにじみ出ている感じがします。

設立当初、弁護士会のなかには冷めた見方をする会員もいて、必ずしも全会挙げてこのチャレンジに期待していたかは疑問ではありますが、ただ、少なくとも弁護士会関与の実験的な試みとして、注目していた会員は少なくなかったと思います。

さて、このチャレンジの「失敗」が意味するところははっきりしています。つまり、現在の法科大学院制度が、「多様な人材確保」という目指す形になっていないということです。

桐蔭横浜、大宮両校とも、いずれも夜間授業を開講するなど、法学部以外の出身者や社会人経験のある人の法曹育成に力を入れていたとの評価がなされています。その二校の行き詰まりは、この制度がいかにそうした理念を成り立たせない現実を引きずっているかを示しています。

大宮は学部を持たずに、法科大学院単体で運営されていることや、桐蔭横浜は学部を持ちますが、まだ新しく、実績面で弱みも指摘されていたといった個別の事情はありました。

しかし、やはり問題は合格率の話に行きついてしまいます。志望者は、合格率が確保されていれば行く。合格率を意識すれば受験対策で予備校化するといわれます。合格の実績が評価につながる法科大学院の現実として、いくら理念に特徴を持つとしても、それだけでは生き残りにくいことがはっきり現れたのではないでしょうか。

夜間授業については、特にそうした見方がなされています。司法試験対策にとらなければならない時間がとれず、そこに理念としての教育が行われることで、より「受からない」環境になるとの見方です。

もちろん、いうまでもありませんが、チャレンジしている法科大学院が悪いわけではありません。一発試験の旧司法試験に比べて、はるかに社会人がチャレンジしづらい現在の制度を考えれば、夜間授業そのものの理念は逆に尊重されるべきものです。

「両校は、夜間講座を開設し有職社会人に積極的に対応してきたほか、実務家教員を主体として実践的な教育を行ってきたという点でも共通性があり、統合することによりその特色をさらに優れたものにすることができる」

「統合後の法科大学院の名称は『桐蔭法科大学院』として、桐蔭横浜大学法科大学院の施設において、社会人をより積極的に受け入れ、有職者が自信をもって法曹になれる学習環境を持った法科大学院として法曹養成教育にあたっていく所存」

両校は統合の共同声明で、さらにチャレンジを続ける意向をこんな風に語っています。彼らのこれまでの「失敗」と今後の運命が示すものが、法科大学院制度そのものの「失敗」につながっているという視点が必要だと思います。

3　法科大学院を目指した弁護士たち

桐蔭横浜大学との統合が発表され、話題となっている大宮法科大学院大学が、二〇一一年二月に発行した「大宮ローレビュー」第七号に、同法科大学院設立に深くかかわった久保利英明・元第二東京弁護士会会長が、「大宮法科大学院大学はなぜ出来たのか――ロースクールから法科大学院への一〇年」と題した一文を寄せていました。

ここには、大宮法科大学院大学の設立に第二東京弁護士会がどのような経緯でかかわったのかにとどまらず、そもそも法科大学院制度創設に対して、同弁護士会と日弁連がどのような発想のもとにかかわってきたのかが、関係者の目線で当時の情勢とともに紹介されています。

このなかに印象的な表現がいくつか出てきます。増員阻止で敗退を続けた日弁連は、一九九七年の時点までに一九九九年度から司法試験合格者年間一〇〇〇人程度、将来一五〇〇人のラインまで後退します。

しかし、久保利弁護士はこの影響を次のように書いています。

「逆に、こうした敗退の歴史は、弁護士の一部に弁護士と弁護士会による独自の法曹養成システムの構築の必要性を認識させた。特に、『法化社会』、『法の支配』の実現のためには、全国津々浦々に至るまで多数の弁護士が必要であり、訴訟弁護士のみならず企業の契約や海外との取引などに携わる弁護士の大量増員が必要であることを実感していた東京の弁護士、とりわけ従前から法曹養成・法曹増員に先駆的な意見を発表し続けていた第二東京弁護士会の危機感は強まる一方であった」

この一九九七年という年、自民党司法制度特別調査会が発表した「司法制度改革の基本方針」の中に、「ロースクール方式の導入など法曹人口の大幅増加に対応する法曹養成のあり方について研究する」ことが盛り込まれます。久保利氏は、第二東京弁護士会が「この方針に敏感に反応し」弁護士会としてもロースクール制度の研究を開始したとしています。

その後、第二東弁が弁護士会のなかで、いかにロースクール構想に先駆的に取り組んできたかが紹介されています。司法制度改革審議会が発足した一九九九年、文科省、大学からのロースクール推進行動に対し、弁護士会側からの提案として第二東弁が初めて「法科大学院ロースクール問題に関する提言」を発表。ここで弁護士会の全面協力による法科大学院を法曹養成の中核とする発想が示されます。

司法研修所の廃止まで視野にいれていたこの提言は反発を招きます。

「司法研修所の教育にノスタルジアを感じる層はもちろんのこと、研修所教官経験者からは猛烈な反発が寄せられた。特に研修所教育の技術偏重、要件事実教育のアナクロニズムや刑事修習における旧態依然たる実務への追随などが指摘されたことへの反発は研修所教官グループとの論争を招いた」

しかし、翌二〇〇〇年には自民党司法制度調査会は、第二東弁が提唱する日本型ロースクール構想を評価します。

一方、司法審では、法学部を抱える大学教員と経済界や労働界、消費者委員等の司法のユーザー目線の委員と法曹三者委員の間で、「まだ見たこともない日本型ロースクール」についてかみ合わない議論が行われますが、「最終的には中坊（公平）委員の発言を通じて強力に展開された日弁連の意見やユーザー代表委員の意見が文科省の提唱する専門職大学院構想の後押しを得て、日本型法科大学院として結実した」としています。

その後も、政党内でも法曹養成をめぐり、法科大学院推進派、司法試験至上主義者、財政支出抑制論者、予備試験など法科大学院を経ないバイパスの充実などさまざまな論が交錯するなかで説得に苦慮したことが書かれていますが、最終意見書までこぎつけた関係者の意識を久保利弁護士は、こんな風につづっています。

「憶測と後知恵で司法制度改革の裏の思惑などとしたり顔で書物を書いている弁護士もいるが『この国のかたち』を今変えなければ、ワンゼネレーションたったら、この国は三等国になると言う危機感が審議会委員とそれを補佐する人々を突き動かしていたことは間違いない」

最終意見書後、日弁連と第二東弁は、今度はロースクール反対の単位弁護士会とも向き合うことになりますが、久保利弁護士は日弁連トップと第二東弁が共通理解に立っていたことを強調しています。誰が言ったことか定かにしていませんが、当時の関係者のこんな発言が出てきます。

「法学部の上にちょこんと乗ったロースクールは本来、好ましくはないが、それでも弁護士独自の教育システムとしては研修所よりも良くなる可能性がある。作ってしまえば財務省から予算をもぎ取る気持ちも能力もない最高裁事務総局よりは文科省の方が予算面ではずっと頼りになる。日弁連は文科省を徹頭徹尾支えるべきだ」

「プロがプロを作る本当のプロフェッショナルスクール」を目指した大宮法科大学院大学は、まさにこうした日弁連主導層と第二東弁の発想と熱意の一つの到達点であったことが分かります。「増員」での敗退が、日弁連と弁護士会の法科大学院を中核とする法曹養成への強い傾斜につながっていき、その過程で第二東弁が果たした役割が見えてきます。

ただ、そこには、「この国は三等国になると言う危機感」や「弁護士独自の教育システムとしては研修所よりも良くなる可能性」といった、本当に多くの弁護士が共有していたのか疑わしい意識や見方が登場してきます。それを「思い込み」と断じるかどうかは、意見が分かれるとは思いますが、現在の大宮法科大学院大学と法科大学院制度の姿と切り離して考えることもまた、できないように思います。

4 「実務家教員」から見る法科大学院事情

法科大学院には弁護士などの実務家が教員として参加しています。

日弁連によると、二〇一〇年五月現在、全国七四校の法科大学院の専任教員一六九〇人中、実務家教員は五六三人で、内弁護士は四三〇人、兼任（非常勤）は一九六七人中、実務家教員が一二六〇人で、内弁護士が一〇二五人。

専任教員総数に占める実務家教員総数の割合は三〇％強、弁護士教員の割合は二五％強と過去三年でほとんど変動がなく、実務家教員総数に占める弁護士の割合も七五％強を維持しています。ちなみに実務家教員には、弁護士のほか派遣裁判官や派遣検察官、官公庁出身者などが参加しています。

複数校にかかわっている人もいますが、専任・兼任合わせて少なくとも延べ人数で約一五〇〇人の弁護士が、法科大学院の教育にかかわっている現状にあります。

その実務家教員、とりわけ非常勤の教員が冷遇されているという話が伝わっています。専任にはそれなりの実績や経歴を持った弁護士がなっていますが、非常勤には若手が沢山います。冷遇といわれているのは、まずその報酬で、本業を犠牲にする経済的メリットのなさから、就任が敬遠される傾向もあるようです。従って、協力はボランティアという受け止め方もあります。

しかし、冷遇というのは報酬だけにとどまらないようです。法科大学院でのカリキュラム決定などには、専任教員でない限り携われないことも多く、教育内容の改善を提言しても相手にされないといった状況もあるようです（ブログ「福岡の家電弁護士　なにわ電気商会」）。

前記ブログには、こんなエピソードも書かれています。

「報酬もでない、意見も通らない、しかも学生のために真剣に教えたら『試験対策だからダメ』などと言われたのでは、いくらヤル気のある人でもモチベーションは著しく低下するのは当然です。ある若手弁護士が講師を頼まれたときには、合格率のあまりの低さに、責任を感じてしまって引き受けられない、と断ったということも聞いております。福岡でも、ある法科大学院の外部講師が、交替要員が見つからないということで、長期間講師を続けざるを得なくなったという有様でした（そうなるとさらに人材供給は困難）」

そもそも実務家教員については、法科大学院制度での位置付けで疑問視する見方があります。法科大学院教員について、実務家は概ね二割以上という基準はおかしいのではないかという意見です。現実的には八割は学者でもかまわないし、二割も司法修習を経て法曹になった実務家とは限らず、実務経験があればいいことになっています。

実務家を育てるのに、この体制はどうなのかという話です。この現状は一方で、法科大学院が受験指導・対策はしない建前ながら、司法試験合格率が実績になるという矛盾や、「職業訓練校」的性格になりきれない現実ともつながっています。大学が運営し、「法務博士」という学位を授ける教育課程と、司法試験や実務家教育との関係が、すっきりつながっていない観があります。

そしてこの体制が、何を守り、何を優遇しようとしているのか、大学運営に法曹養成をゆだねていることによる事情も見えてくるように思うのです。

「たったひとつ変えるだけで劇的に改善するロースクール制度案（？）」

以前、弁護士のブログにこんなエントリーがあったのを見つけました（「赤ネコ法律事務所・別館！」）。その改善点とは、ずばり「ロースクール教育を行う『教員』は、全て実務家にすること」でした。

「だって、司法研修所だって実務家教官しかいないやん。修習の代用である以上、当然だよね？　そして、教員を全て実務家で揃えることが出来ないロースクールは廃止です。ロースクールがそもそも多すぎるから、『ロースクール生のほぼ全てが法曹になれる』という当初の理想が実現しないんだもん。少しロースクールは減った方がいい。減らす理由が『合格率の低迷』なんてアホです。で、現実に法曹教員を揃えられないロースクールは淘汰され、ローが減ることにより『ロースクール生のほぼ全てが法曹になれる』という条件は満たされる」

さらに実務家教員は、任期制にして学者化しないようにし、司法試験問題を作成するのもすべて実務家にして、その作成者は一切法科大学院での教鞭を取れなくし、学校問の枠を越え、実務家教員同士の意見交換会などを定期に実施する——といったことも提案されていました。

この世界の多くの方は、「こんなことは実現しない」とおっしゃるかもしれません。しかし、少なくともそういう方は、前記矛盾を含めた法科大学院制度の現実だけでなく、それを取り巻く法曹養成と直接関係のない事情をよく分かっている方のような気がします。

5 狭き「予備試験」の本当の目的

新司法試験の初めての「予備試験」が二〇一一年五月一五日、実施されました。法務省人事課に確認したところによると、受験者は六四七七人（速報値）だそうです。

例の「点からプロセス」の法曹養成ということで、一発試験の司法試験ではなく法科大学院という教育制度を入れた過程で、経済的な事情などによって大学院に進めない人のためということでつくられた、いわゆる「バイパス」です。

ただ、この「バイパス」はマイナーな扱いをされているのです。経済的な事情でいけない人のために設けた「バイパス」がなぜマイナーなのか、司法試験というのは平等ではないの？と思われても当然です。

結論からいえば、これはどうしても法科大学院を経由させるおカネのかかるルートを本道とする、法曹界挙げての方針のためなのです。「狭き門」といわれた司法試験は改めるという方針において、「予備試験」は政策的な、いわば法科大学院のための「残された狭き門」なのです。

予備試験合格者も法科大学院修了者同様、新司法試験を受けます。法科大学院に行かなくても、この「バイパス」ルートで合格できるとなれば、だれも法科大学院には行かなくなるという危機感が、初めから法曹界と法科大学院関係者の中にあります。

結果的に法科大学院以外のルートが選択されるのがそんなに悪いことなのか、少なくとも、公平な受験機会を与え、おカネ持ちに限らずいろいろな人が法曹になるのにチャレンジできることを犠牲にしてまでも、法科大学院を本道とする意味があるのかという疑問が、一般の方からは上がるでしょう。

「法科大学院、骨抜きの恐れ」

二〇一一年五月一六日付「朝日新聞」朝刊が、今回の「予備試験」に関する報道にこんな見出しを付けた解説を掲載しています。早速、「改革」推進派の「朝日」らしい懸念論です。

法科大学院ルート本道の制度は、「暗記中心のマニュアル志向の法律家を生んでいると批判された」旧司法試験の反省からであり、「実務に精通した法律家らによる密度の濃い授業を通して、知識偏重ではなく、幅広い教養や柔軟な思考力を持った法律家を育てる」のが狙いであり、バイパスを「例外」にしないと、「大学院に進まなくても法曹になれるならば、結局は試験のための勉強で足りてしまう」。

ここで書かれている「狙い」のくだりを見て、「できてから言え」という方も少なからずいると思います。「バイパス」を「狭き門」として冷遇するのであれば、現実的に「公平な受験機会」や「多様な人材確保」を犠牲にしてもいいと思わせるほどの、法科大学院制度の成果として育てられた修了者の確固たる質の違いを示さなければなりません。果たして現実はどうなのでしょうか。

ニュース記事の方に検察官になることが夢の、慶応大学法学部の男子学生のこんなコメントが出ています。

「(予備試験は)法科大学院に行くお金も時間も節約できる。抜け道との批判は知っており、大学院には進もうと思うが、それでも予備試験は受け続ける」

「予備試験」は本当に批判されるべき「抜け道」なのでしょうか。もちろん、意味は分かります。法科大学院を本道とする以上、こういう烙印が押されます。しかし、「経済的な事情」などを抱えた人が受験できる「公平な受験機会」、あるいは「多様な人材確保」の機会が、なぜ「抜け道」として批判されなければならないのでしょうか。

決定的なことは、これを批判されるべき「抜け道」とまでいうのであれば、これまで旧司法試験という同様の一発試験で合格して、現在活動している法曹たちは何なんだということになります。旧司法試験・旧法曹養成組が、結果として、そこまで悪い出来だということにしなければなりません。法科大学院の成果として、修了者の質の違いを示さなければならない相手は、バイパス組にとどまらず現役法曹たちもとなります。

「朝日」が触れているような「マニュアル志向の法律家」の実害が、現役の旧司法試験合格法曹の「質の悪さ」として、どうしても予備試験をあくまで「抜け道」として扱い、法科大学院を本道としなければならないほど存在している、とでも解釈しないことには、なかなか一般の理解は得られないのではないでしょうか。

「公平さ」を犠牲にして、本当は何を守ろうとしているのか。残された「狭き門」から、もう一度、考え直してみるべきだと思います。

6　法曹志望者と社会に望ましい形

ツイッターで最近、ある弁護士のこんなつぶやきが流れました。

「法曹志願者は、かつて、司法試験に合格できずにその道を諦めた。今は、司法試験に合格しても就職できずに、その道を諦める。どちらが、社会的に、好ましい事象と言えるのだろうか？」

面白い投げかけだと思いました。かつて日本一狭き門といわれた司法試験に、その先に夢見ていたことはさまざまであったとしても、多くの若者がチャレンジしてきました。合格していく同じ志望者たちを横目にさらに勉強し、チャレンジを続ける。それでも「合格」にたどりつけない人たちもいました。

「諦め」という文字は、ある人にとっては、経済的にも就職にしても、人生をかけたチキンレースのような境地の先にあったといってもいいかもしれません。それに対してはいろいろなことを言う識者もいて、中には「はやく諦めさせるのが本人のため」という趣旨の発言もみられましたが、やはり個人の選択として、少なくとも「納得」に向かってやり尽くせる機会はあったといえます。

かつては大学在学中に、二回司法試験にチャレンジできました。さらに就職条件については不安があっても、大学院に進んで、そこで勉強しながらチャレンジする人もいました。「諦め」ということに関していえば、志望者にとって方向転換がそれなりにきく節目が作れたのです。なぜこれらができたかといえば、いうまでもなく、法曹になる関門が何度でもチャレンジでき、それを受験者が自分の能力と見つめ合って選択できる一発試験の司法試験だったからです。

それが変わってしまいました。「プロセス」として法科大学院に行かなくてはならなくなりました。授業料だけで年間一〇〇万円、その他生活費や教材を含めれば、修了までに一〇〇〇万円、二〇〇〇万円用意したほうがいいという話。しかも、基本的に修了が受験条件なので、在学中チャレンジという形はできない。おカネがかかるだけに、志望者にはより引き返しにくい環境であることは間違いありません。

しかも、修了しても合格できるとは限らない。すでに合格率は全体では三割を切っているし、そのうえ受験は修了後五年以内三回に制限され、何回でもチャレンジできるわけではない。

さらにその先に待っているのが、仮に弁護士になっても就職口がなかったり、就職できても稼げることが保証されているわけではない現実。しかも合格できない場合、「法務博士」という称号をもらっても、三回チャレンジしても受からなければ「三振博士」といわれ、その先の就職の展望が開けているわけでもありません。

「どの仕事だって厳しい」と言われても、選択する側が安定や将来性を求め、「優良」とみられる業種・業界を選ぼうとするのは当然のことで、「魅力」も受け皿側が強要することはできません。トータルに考えて、この「プロセス」は、チャレンジすることによって自らが判断する機会という面、費用対効果という面でも、法曹志望者に魅力的な制度とは思えない。それどころか、そもそも彼らのことを考えているとは思えない制度です。その先にある法曹そのものの「魅力」も、志望者にとってかすみつつあるのではないか、ということもうかがわせます。

ただ、冒頭のつぶやきの最も重たい投げかけは、「どちらが社会に好ましい事象か」という点です。現実的にこうした形で法曹志望者に付きつけられているものが、結果として、この国の司法の人材確保にどう影響するか、ということです。「魅力」は強要できない以上、それはやりたくてもできないという意味での現実的条件として、費用対効果の妙味として、チャレンジできない「プロセス」の欠陥として、自分の能力を活かせる場を見つけられる可能性として、この道を選択肢から外す人々が確実にいるということです。

その現実が、旧司法試験に何度でもチャレンジし、合格できずにその道を諦めた時代と、どちらがこの社会にとっていいのでしょうか。それでも「プロセス」という価値が強調されるのかもしれませんが、仮に何らかの影響が明らかになったとすれば、「プロセス」のせいだ、いや「法曹」のせいだ、と魅力の問題をめぐり責任のなすりつけ合いが起こってもおかしくありません。

できる見通しが立っていない環境整備という前提の話を抜きにして、今の段階でいえるのは、なにがなんでも「プロセス」を守れという話が、この社会にとって好ましいものとは、どうしても見えないということだと思います。

7　法科大学院制度選択の事情と思惑

司法研修所を中心とした法曹養成の在り方を長く議論してきた法曹界が、現在の法科大学院制度の方向へ、最初に舵を切らなければならなくなった第一の決定的理由は、数の問題にあったといわれています。

法曹人口の大幅増員が決定的となったことで、財政的にも受け入れ態勢としてもキャパシティの問題として司法研修所教育を見直さなければならなくなりました。

一九九九年度に司法試験合格者を七五〇人から一〇〇〇人に増員するに際し、修習期間にメスが入れられ、それまでの二年から一年半に短縮されたことも、そうした情勢変化の現れとされています。

ただこの時、司法研修所に代わる新たな法曹養成機関を考えるうえで、実は比較制度論的には二つの選択肢があり得たことを、広渡清吾・東京大学名誉教授が二〇〇〇年に発表された論文「法曹養成の公共性と法科大学院」の中で書かれています。

一つは、大学におけるプロフェッション教育として法曹養成を行うアメリカ型。もう一つは、法曹人口増の大部分が弁護士増であることを踏まえ、統一的法曹養成を廃止して司法研修所による修習を裁判官と検察官に限定し、弁護士養成を同業者養成として弁護士会に委ねるフランス型。ちなみにドイツでは、司法試験合格後二年間の統一司法修習を行う形でしたが、修習生の急増に直面して運用が困難になり、修習制度を廃止し、大学法学部の履修期間を延長し、そこに実務教育を導入するという改革案が生じたとされています。

しかし、諸外国との比較制度論としてあり得たこの選択肢が、実はわが国では現実問題としてはあり得なかった事情についても、広渡氏の論文には書かれていました。

「実際には、日弁連が法曹一元を法曹人口の大幅増員とセットにして要求しており、そこでは統一的法曹養成が大前提であるから、後者の方法は受容される可能性がなかった。そして、逆に前者の方法は、少子化時代の大学の役割を模索する文部省にとって渡りに船のアイディアであり、一九九八年一〇月に公表された大学審議会答申（『21世紀の大学像と今後の改革方策について――競争的環境の中で個性が輝く大学』）は高度職業人養成のための専門大学院の考え方を提案し、その事例として『ロースクール』に言及した」大学法学部にとっては、「初発において外から急き立てられる改革」だった法科大学院構想は、「近代日本で初めて大学の法学教育のなかに法曹養成機能を位置づけ」、「予備校とのダブルスクール現象という不面目な事態を解消」し、「司法改革に協力する」という大義を持つものになっていた、ともしています。

ここには、新たな法曹養成機関として法科大学院が選択される当初の、弁護士会、文部省、大学のそれぞれの受け止め方が端的に現れています。それぞれの立場からの違う思惑が絡みながら、法科大学院が選ばれたようにとれます。

とりわけ、フランス型の同業者による弁護士養成の道がまず選択肢から外れた事情が、弁護士会の法曹一元という理念につながる統一的法曹養成にあったという点は注目できます。弁護士会自身が当時、分離した法曹養成を現実的に担うことが果たしてできたのか、そこには司法研修所同様の限界があったかもしれませんが、少なくとも弁護士会が目指していた法曹一元、統一修習の理念が、二つの選択肢のうち、法科大学院に舵を切らせることにつながっているということです。

法曹養成を大学運営にゆだね、現実的には内容的にバラつきが出ることも予想された法科大学院であっても、弁護士会が三者としての統一にこだわらざるを得なかった事情をここにみることができます。同業者養成という形で弁護士が分離することは、法曹一元の断念であるばかりか、国費によって養成されてきた弁護士の公的養成の位置付けを自ら放棄する、あり得ないものとして、弁護士がとらえていても不思議ではない状況だったように思います。

「弁護士が弁護士を育てる」という発想を、弁護士たちが持っていなかったわけでなく、むしろ強く持っている人々がいたことは、法科大学院構想のなかでそれを実現しようとした、大宮法科大学院大学の設立にみることができます。

法曹一元は遠のき、大宮法科大学院大学の挫折が伝えられ、「給費制」が消えようとしている今、こうした未来を予想できたとすれば、弁護士会はどういう選択をしていたのか——つい、そんなことを考えてしまいます。

8　法科大学院「定員数削減」への期待の中身

日弁連が二〇一一年三月に発表した「法曹養成制度の改善に関する緊急提言」には、緊急の対応策の一番目に法科大学院総定員の大幅削減が掲げられています。

二〇〇五年度に五八二五人だった一学年総定員は、二〇一一年度には四五七一人まで削減されましたが、四〇〇〇人を緊急に実現するだけでなく、さらなる削減を図る必要性を指摘しています。

また、日弁連は二〇〇九年一月の「新しい法曹養成制度の改善方策に関する提言」でも、この定員削減を第一に挙げていましたし、今年六月に宇都宮健児会長が出した「司法制度改革審議会意見書一〇周年に当たっての会長談話」でも、政府の「法曹の養成に関するフォーラム」に対し、給費制維持とともに「法科大学院の総定員削減等」の合意努力を求めています。

これを見る限り、日弁連は現在の法曹養成、とりわけ法科大学院の改善のなかで、この定員数削減を重視しているようにとれます。

しかし、ここで考えなければならないのは、何のために定員削減するのかということです。法科大学院側の定員削減の動きは、既に二〇〇八年ぐらいから出始めていることですが、その時にも、この政策が法科大学院の教育水準を上げるのか、そうした目的のものなのかが問われました。

いうまでもなく、法科大学院側にとって定員数削減は、直接収入の減少につながります。大学側の経費は、定員減としたところで、一定の設備や教員の確保の必要性から削減はそれほど期待できないという見方もできます。

それでも選択しなければならない事情とは、当然、合格率ということになります。しかも、果たして中身が伴っているのか怪しい合格率です。法科大学院修了受験者の分母を減らすことによって合格率の向上を図るようにもとれるわけです。

修了者の「七、八割」司法試験合格の触れ込みで始まり、既に三割を切っている現状を、まずは表面的に改善するということです。そしてこの狙いは、法曹志望者減少の決定的な要素と法科大学院関係者がとらえている、合格率の問題を解消することにあるのも明らかです。

法科大学院を目指す人の目的は、なんといっても新司法試験に合格して法曹になることです。旧司法試験に比べて、はるかに経済的にも負担になるこのプロセスの強制も、「合格できる」という一事をもって、その結果を出すことによって志望者を納得させ得る、つなぎ得るという見込みです。

少人数教育が、学生のレベルアップにつながるとの見方をする人もあります。しかし現在、それがどういう見通しによるものか、判然としません。そもそも指導という意味では、受験指導ではない合格率アップの指導が求められている法科大学院の無理と、このレベルアップの指導とはどうつながっているのかもよく分かりません。

要するに定員数減は、直接的な志望者減対策ということができます。法科大学院側の収入減少覚悟でこの方策がとられるとすれば、「法科大学院離れ対策」の方に優先順位を持ってきたことになりますし、それがまた、法科大学院側にとっての深刻度を示しているようにもとれます。

さて、日弁連の前記提言は、この点をどう解釈したものなのでしょうか。教育のレベルアップにつながるかどうかも分からない「弥縫策」ともいわれているこの方策を、本当の意味でどういう風に受け止めているのでしょうか。「法科大学院を中核とする」という立場を堅持している日弁連が、「生き残り」を視野に入れた法科大学院側の政策にどのようにかかわっていくのかという問題です。

法曹養成では、「貸与制」移行を基本とした「フォーラム第一次取りまとめ」に対する八月三一日の会長声明で、宇都宮会長はこう述べています。

「現在、法科大学院の入学志願者は急激に減少し、その質の低下も指摘される等、新しい法曹養成制度は危機的状況にある。法曹志願者減少の要因は司法試験の合格率の低迷、司法試験合格後の就職状況及び法科大学院の高額な学費負担であり、このような問題点にメスを入れないまま司法修習についても給費制を廃止して貸与制を実施することは、法曹志願者をますます減少させ、経済的理由により法曹になることを断念する事態を広範に生じさせることは明らかである」

要因として掲げられているのは、どれも事実です。しかし、法科大学院本道の旗を降ろしていない日弁連が、果たしてどこまでメスを入れることを求めているのか、依然不透明です。

9　「事後救済型社会」と法科大学院の選択

「規制緩和」の名の下に、行政による事前規制から事後監視・救済型社会へ――。今回の司法改革が、こうしたわが国社会の方向を前提としていることは、「改革のバイブル」、司法制度改革審議会の最終意見書でも明らかです。

法曹大増員の方向も、欧米との比較においてわが国が少ないという根拠にとどまらず、根底には、この社会への青写真があるとされました。事後監視・救済型社会の司法を支える十分な数の法曹の必要性、それはとりもなおさず、それまでの法曹界内の法曹養成制度論議を根底から覆す、法科大学院を中心とした新制度の登場をもたらすことになりました。

この点について今から五年前、東京大学大学院法学政治学研究科の内田貴教授が、ある雑誌で興味深い指摘をしていました（「法科大学院は何をもたらすのか、または法知識の分布モデルについて」『UP』二〇〇六年四月号、東京大学出版会）。

「日本の国民は、本当に事後救済型の社会を選択したのだろうか」

事後の司法的救済によって権利侵害に保護を与える社会のイメージとは、米国をモデルとした社会像ですが、「それだけが唯一の可能な未来ではない」というのです。

彼がこの点で注目したのは、「法知識の分布」ということでした。

法科大学院制導入前、全国一〇〇近い法学部から年間約四万五〇〇〇人の卒業生が官庁や企業に就職し、実は日本社会は法知識が拡散し、法曹ではない「法律家」が多数存在してきた法知識の「拡散型モデル」の国。一方、米国の書店には、日本にあるようなハウツー本などの「法律コーナー」はない。法律家は多くても専門家以外に法知識は分布せず、素人とプロの壁がはっきりしている「集中型モデル」の国。拡散型の日本では、法知識を備えた優秀な人材を中央官庁が擁して法律や政省令を整備し、事前規制型社会を構築し、規制を受ける社会側も、企業を中心に法知識を備えた法的リテラシーの高い人材がいて、制度の運用を支えてきた、ということになる――。

これは、「改革」の前提になる見方と、かなり違ったもののように思います。法学部批判や法教育の必要性が強調されたわが国の状況は、「拡散型モデル」としての評価とどのような関係になるとみるべきでしょうか。米国に比べて、あたかも「法律的でない」という日本は、紛争解決に司法が利用されないだけで実は法的リテラシーの高い国であった、ということになります。

そこで法科大学院の登場です。法知識の集中型社会へ向かう過程で、法科大学院が仮に定着すれば、現在日本に拡散している法知識の質が低下し、法曹が知識を独占する社会に向かう。その影響は、じわじわと社会のさまざまな面に現れ、真っ先に直面するのが公務員のリテラシーの低下である――これが、内田教授が五年前に描き出した未来像でした。

ところが、状況は法科大学院の挫折で、そうした方向に進んでいないように見えます。これはもちろん制度設計そのものの問題があるわけですが、その背景に内田教授の現状分析を重ね合わせることもできるように思えます。つまり、大学としての妙味やご事情はともかく、社会そのものがこうした形を受け入れたのか、という点です。

前記の見方からすれば、少なくとも法科大学院修了者の受け皿として、官庁がどれほど期待できるのか、官庁側がこの制度にどの程度妙味を感じるかは、おのずと見えてきます。「改革」は、社会の隅々まであらゆることに法曹が顔を出してくる社会を作る前提として、「法曹が知識を独占する社会」を描いたともとれ、多くの法曹も賛同したようにとれます。しかし、そのこと自体を社会が受け入れているかどうかの視点が、実はほとんど提示されていません。

法知識集中型・事後救済型の米国では、実は紛争解決に要するコストの高さから、大多数がその形を是としていない現状もあるといいます。「バイブル」が描く未来社会をそのまま目指してきた「改革」ですが、それが国民の意思をどこまで反映してきたのか、そろそろ本格的に問われてもいいように思います。

10　法科大学院本道に疑問符つけた民主党ＰＴ

民主党の法曹養成制度検討プロジェクトチームが、二〇一一年八月二二日にまとめた「中間とりまとめ（メモ）」が話題になっています。事務局長で弁護士でもある前川清成参院議員が、ホームページ上で紹介しています。

なにが話題かといえば、政府の「法曹の養成に関するフォーラム」が既に「貸与制」を前提とした方向に舵を切るなか、とりあえず法曹養成全体の見直しまで「給費制」維持しようとする動きとして注目されていることがありますが、さらに経済的な負担の面で法科大学院の問題について直言していることです。

法科大学院修了者「七、八割」程度の司法試験合格の想定に反し、二〇一〇年度合格率は二五・四%と低迷、また法科大学院七四校のうち約四分の一に当たる一七校で修了者の司法試験合格率が一割に満たない状況で、法科大学院志願者数も二〇〇四年度は七万二八〇〇人、志願倍率一三・〇倍に達したものの、二〇一一年度は二万二九二七人、志願倍率五・一倍と、志願者数で約四分の一、志願倍率で約三分の一程度にまで落ち込んでいる――。こうした抜本的な見直しが必要な現状を確認したうえで、次のように指摘します。

「法科大学院が十分な教育内容を確保できていないにもかかわらず、司法試験を受験するには、原則として法科大学院を修了しなければならないこととなったが、法科大学院で原則である三年間学ぶには、学費だけでも、平均して、国立においては二七一万一〇八八円、私立においては四二七万八八一七円を要する（平成二三年八月一八日、文部科学省配布資料6）。したがって、経済的に困難な立場にある者に限らず、法曹を志す者にとっては、この学費こそが最大の経済的障壁となっている」

「給費制」問題で修習生の負担が論議されるなかで、そもそも現在の法科大学院の学費は「最大の経済的障壁」と断じたことが注目されます。さらに修了に多額の学費を要するため、司法修習修了者のうち四八・三%の者が奨学金の貸与を受けており、平均貸与額合計は三四七万円にも達することを挙げ、現実的には受験者の約七五%が不合格になる現状で「不合格者の

『再スタート』を阻害」してしまうといった、これまであまり指摘されてこなかった問題にまで言及しています。

そのうえで、学費を大幅に引き下げるためには、「思い切った多額の財政支援」が必要になるが、財政的制約でそれができないのならば、法科大学院修了を司法試験受験資格とすることを見直すべき、としました。期待される教育効果を上げていないのならば、法科大学院教育強制に合理的理由はなく、多種多様な人材確保というならば、法科大学院に統一、画一化する理由もなく、独学も含め多種多様な勉強方法もあっていい、ということを言っています。

民主党ＰＴは、法科大学院を本道としそれを守れとする動きおよびそれを前提とした議論とは、明確な違いを示しています。

そして、「給費制」問題についてはこう言います。

「『貸与制』か否かは、法曹への切符をほぼ手中に収めた者にとって、その経済的な負担がさらに増加するか否かの、いわば副次的な問題である。したがって、今般、私たちは『貸与制』に関して、とりあえずの結論を得るに至ったものの、引き続き本質的な課題、すなわち法科大学院制度や、経済的弱者に対しても司法試験受験の機会を保障する方策、加えて『予備試験』の内容や、『回数制限』の緩和、司法修習制度の期間、司法試験合格者数、さらには我が国において法曹が果たすべき役割など、法曹養成制度全般の抜本的な検証と、検討を行い、早期に見直しに着手すべきである」

「とりあえずの結論」という部分は微妙なニュアンスです。前記した現状認識のもと、法曹養成全体の見直しまで「給費制」を継続する動きとの情報が流れています。

「給費制」維持を求める弁護士からも、出されていた法科大学院元凶説がここで確認されている意味は大きいと思います。そして、法科大学院をなんとか本道としようとしている側からの意見とは異なり、無理がないものに受け取れます。多種多様な勉強方法を認める一点にしても、現状からすれば法科大学院強制の不合理は明らかですから、逆にいえば、無理に聞こえる主張は、何が何でもという方々の別の目的によるものであることも明らかです。

そういう意味で、「給費制」であれほど経済的負担の問題を主張した日弁連が、すっきりと民主党ＰＴのような論調に立てていない現実に、目が向けられていいと思います。

「貸与制」移行の方向を確認し、日弁連・弁護士側が主張する「法曹養成全体の議論」先行論にも委員側の抵抗が出ている「法曹の養成に関するフォーラム」に対し、この民主党ＰＴの動きがどういう形で影響し、また、どういう流れを作っていくのか。期待と警戒する見方が出てきていますが、ともあれ、法科大学院本道という前提に縛られない議論につながるのかが注目されます。

第２章　弁護士激増の行方

１　四〇代弁護士たちの憂鬱

日弁連が二〇一一年五月に発表した「弁護士業務の経済的基盤に関する実態調査報告書２０１０」（『自由と正義』臨時増刊号 Vol.62）の中に、気になる統計結果が出ています。

事業収入について、現在四〇代の弁護士について、特異な傾向が現れているというのです。今回調査の「売上（収入）合計額」と前回二〇〇〇年調査の「粗収入」を比較すると、この年代が八四〇万円減と、他の年代と比較して顕著な低下傾向を示したというのです（今回三四八三万円、前回四三二七万円）。

前回と前々回一九九〇年の調査と比べても、現在の四〇代に当たる当時三〇代だけが、粗収入で減少していたという事実があるようです。調査結果の分析のなかで日弁連も、「この集団の調査結果は特異な傾向を示している」と評しています。

このやや謎めいた傾向の原因について、日弁連は「この調査で特定することはできない」と前置きしたうえで、一つの推測をしています。

「法曹人口もまだまだ少ないと評価されていた時代であるため、弁護士人口が原因であるとは思えない。世上よく言われるように、この年代は、ちょうど高校・大学時代がバブル景気時代であった。しかも、この年代の弁護士が業務を始めてからの数年は、バブル経済がはじけた後の経済状況となっており、良くも悪しくも弁護士の業務内容も大きな変化に見舞われた時代であった。このような特殊な経済状況がこの年代に影響を及ぼしている可能性は否定できないであろう」

ここで言っているのは、この世代の弁護士スタート時との関係です。バブル経済後の状況下で弁護士として出発した彼らが、一〇年後、二〇〇〇年当時の同年代の売上レベルに達していないということです。

これは、どういう現実を物語っているのでしょうか。確然としたことは分からないのですが、知り合いの四〇代後半の弁護士がよく言う、こんな言葉を思い出します。

「自分たちが、これまでの弁護士のスタイルで、なんとかやってこれた最後の世代だと思う」

弁護士という仕事の安定的な基盤を、彼らが今作れていないということ、逆に言うと、安定的な基盤確立へのスタートが切れなくなった第一世代が彼らなのかもしれない、ということです。そこには、業務の継承をはじめ、さまざまな変化が経済状況との関係で彼らにのしかかったとも考えられます。弁護士の独立モデルも崩れ始めたととれます。

もちろん、日弁連の分析が早々に要因から除外している弁護士人口の増員が、その後の彼らに影響してこなかったともいえません。

そして、これもこの世代の弁護士と話していて感じることですが、弁護士としての将来に対して、彼らは楽観的な見通しを立てられない第一世代のようにも見えるのです。現在の二〇代、三〇代から当然のように聞こえてくる、弁護士の未来への不安と悲観的な見通し。それをはじめて弁護士の口から聞いたのは、この世代かもしれません。

変化の端境期のなかにいた彼らは、それ以前の弁護士スタイルもまたよく知っている世代。それだけに、変化の深刻さもよく見えている世代でもあるように思えます。

いうまでもなく、弁護士という肩書で仕事をしている人々には、多種多様な人たちがいます。経済的な状況にも格差があるこの資格業は、世代によるくくり方をすれば、必ずといっていいほど「俺は違う」という意見が返ってきます。

ただ、弁護士の経済的な安定あるいは不安定が、本当に社会に何をもたらすのか、それを多くの大衆は分からないでいます。「甘やかすな」「これまで恵まれ過ぎていた」という批判的な論調は、大衆に受け入れられやすい響きを伴いながら、一方でこの変化がもたらす負の影響から目をそらさせることにつながっているように思えます。

そう考えたとき、この四〇代の「特異な傾向」から読みとれる変化の意味するところは、やはりこれからの弁護士という存在を考えるうえでも気になります。

2　若手が嘆く「大変さ」の違い

弁護士が法律事務所に勤め出して三〜七年くらいで、親弁の後押しを受けながら独立するというモデルが崩れ出している一方で、「独立直後の事務所経営は、昔もそれなりに大変だったんだ」と、そこは基本的に変わらないとするベテランの意見も聞かれます。

これに対し、「司法ウオッチ」の「司法ご意見板」に昔と今の状況の違いを指摘する意見の書き込みがありました。かつての方法論そのものが、「即独」（事務所勤務経験なしにいきなり独立する弁護士）には当てはまらないのだとしています。

独立直後で固定客が付いていない段階では、国選事件を多めに回してもらい、刑事事件と先輩等からの事件紹介などで凌ぎながら、法律相談等を通じて顧客を徐々に増やしていく――。これが定番のスタイルで、彼のボス弁もそうだったと。

事務所の「のれん分け」のような形の独立から、餞別のような後押しまで違いはあったものの、かつては独立支援という形がありました。もちろん「即独」には、事務所勤務というプロセスがありませんから、そもそもそうしたストーリーにはならないわけですが、彼が言いたいのは、それ以前の、以下のような状況の違いのようです。

「現在、東京では法律相談自体が抽選で若手の重要な収入源である債務整理相談に落選する場合も少なくありません。また、一般相談もキャンセル率が少なくない上、一日一件しかなく相談内容の性格上受任に繋がらないケースもかなりあります。さらに、東京では、国選も抽選となっており、激しい奪い合いが生じています。被疑者国選の引取りをMLで求めると、わずか二、三分で三件の引取希望（いずれも若手の一人事務所の方でした）が来て、慌てて交代者が見つかったという返信を出さなければなりません。先輩弁護士は、事務所に無理して雇用した新人を抱え、他人に仕事を回す余裕はありません」

要するに大変さの中身が違うのではないか、ということです。冒頭のような、自らの経験から若手を諭そうとするベテランも、この現実にはさすがに黙らざるを得ないのではないでしょうか。書き込みの彼は、少なくともこんな状況の東京では育つ前に若手は干からびる、地方に行けという人もいるがやがて同様になるとしています。

ここまでの現実は、まだ社会に伝えられていないという感じを持っています。マスコミでも時々、取り上げられることがありますが、こうした面に光をあてることに消極的な印象があります。とにかく「まだまだ大丈夫」なことを基調に描かないと、弁護士増員問題のひずみを真正面から認めることになり、「推進」という基本スタンスが崩れると考えているのでしょうか。

横浜で開業する知り合いの街弁に、「集客」ルートについて聞いてみました。彼のところでは、「紹介」「法律相談」「インターネット」が、三分の一ずつだとしていました。

もちろん、事務所によって違いがあると思いますが、自治体などの法律相談に弁護士が赴き受任につなぐスタイルと、事務所のホームページを見て事務所にくるパターンの比重が高いという印象を持ちます。少なくとも、「紹介」主体でやってこられたかつての法律事務所ではなくなってきていることは確かなようです。

とりわけ、かつてはなかったインターネット「集客」は、それなりの可能性は秘めていると思います。ただ、ベテランにいくほど、ネットへの距離感にかなりのばらつきがあります。漠然と必要とは思いながらも、慣れていないことからの敬遠意識もあるようです。もちろん、自ら積極的に取り入れていこうとする方はいらっしゃいますし、ご本人はキーボードをたたかないまでも、秘書さんのご努力で、事務所としてはきっちり対応されているところもあります。

ただ、それと前記のような弁護士を取り巻く経済環境の激変については区別して考えなければなりません。インターネットは所詮ツールですし、もちろん若手はこれをとっくに駆使していますから。

先輩たちがだれも体験したことがない、経験が通じないこの社会で、これまでにない状況に弁護士が追い込まれてきているという認識が、前提として必要になっています。

3　期待された「受け皿」側の本音

弁護士増員の必要性は、企業ニーズの観点からも言われてきました。しかし、現実にどのくらいの規模が必要なのか、企業内弁護士など「受け皿」としての責任を果たす覚悟はあるのかと問われれば、企業サイドの反応はなんとなく歯切れが悪い。せいぜい、「使える能力のある方ならば、企業は企業の論理でとるはずです」という声が返ってくる程度です。

そうしたなか、二〇一一年六月一五日に開かれた「法曹の養成に関するフォーラム」の第二回会議で、委員からこんな発言が出されています。

「企業のほうから見ていると、やはり今の司法試験の合格者の数は多過ぎるのではないのかなと。それから、その数が多過ぎるというようなことになれば、法科大学院の数もそれに関連して、やはり多過ぎるのではないのか」

小松製作所相談役の萩原敏孝さんの発言です。彼は、日本の企業が、企業内弁護士としてこれからも沢山の弁護士を取り込んでいくニーズがあるのか疑問視しています。さらに、弁護士会などから出されている期待感にこうクギを刺します。

「企業内で弁護士を使うことは、私は増えてくると思いますけれども、ここに過剰な期待をしていただいても、限度がある」

企業系の弁護士を増やす必要性をいうとき、国際競争力という観点も強調されますが、そうしたことに対応できる弁護士の数が少ないといっても、それを企業が抱えるような描き方はできないと明言していることになります。それはとりもなおさず、現在進められている増員規模の描き方について、少なくともこの分野では、とても責任の負える話ではないことが分かります。

　これに対して、興味深いやりとりもありました。萩原さんの発言に、委員の鎌田薫・早稲田大学総長が、やや忠告する格好でこういう意見を述べています。

「日本の企業の法務部の中に弁護士資格を持っている人を雇用しているところは、それほど多くない。雇用していても一人とか二人というところが多いんですけれども、一人も日本人弁護士がいない企業法務部であっても、ニューヨーク州弁護士資格は随分持っているんですね。一〇人でも二〇人でも持っている。このニューヨーク州弁護士資格と日本の弁護士資格というものとの関係をどう見るかということも、やはり一つの今後の弁護士像ということを考えていく上では、重要なポイントになるのではないか」

　彼は一体、何が言いたかったのでしょうか。要するに、企業内弁護士を採用する云々というよりも、考え方として、日本の弁護士資格もニューヨーク州弁護士資格のように企業の法務部員が取りやすい資格になっていれば話は違うんじゃないか、そういう弁護士増の描き方もあるんじゃないか、と言っているようにとれます。

　企業から見て合格者が多すぎる、という萩原さんの結論には、基本的に合格者の枠を広げてもらいたい大学関係者からすると、一言いっておかなければところだったのかもしれません。

　しかし、萩原さんはこの意見に反論しています。

「我々はアメリカのロースクールに随分と人を送って、その半分ぐらいの人たちはニューヨークの弁護士資格を取って帰ってくるんですけれども、それはある意味で言うと、アメリカで勉強してきたあかしとして、そのぐらい取ってこなければ会社はコストを出せないではないかという、ある意味のプレッシャーもあってそうしております。それから、試験の程度が日本の司法試験に比べると、私の目から見てもかなり易しいというようなことから、資格は取ってくるんですね。ところが、資格を取って法務部に戻っても、ニューヨークの弁護士なんだから、この問題を扱えというほど実力があるのかというと、決してそんなことはありません。したがって、そのことと日本の弁護士資格との間にはあまり相関関係がないというか、そんな感じもしています」

実にはっきりしたご意見です。そもそも両国の資格レベルが違い、同州のそれをとっていても、日本の企業の中で必ずしも即戦力になることを想定していないとなれば、日本の資格と比べること自体、過剰評価を前提にしているのではないでしょうか。

これは本当に不思議な話です。この「改革」の特徴かもしれませんが、ある方面から聞こえてくるようにとれる「必要論」が、その方面によく耳を貸せば、そうでもないという話になってくる。いろいろな人が、「うちは必要」ということを、あたかも全体の必要論として成り立たせている結果でしょうか。

やはり、さまざまな期待感が重なったまま、それぞれの解釈で推進してきた同床異夢の「改革」の当然の結果かもしれません。まずはそこから考え直してみる、という手もありそうです。

4 「企業内弁護士」という「多様な法曹」の予想図

弁護士増員推進派側の期待と現実のギャップが現れている企業内弁護士について、日弁連機関誌『自由と正義』二〇一一年七月号が特集で取り上げています。

企業内弁護士の座談会と、日本組織内弁護士協会理事長の片岡詳子弁護士の論稿で構成されています。「多様な法曹」という特集のタイトルが示しているように、日弁連機関誌の立場からすれば、弁護士の就職先の選択肢として、その可能性と現状を紹介することが狙いとされます。参加した弁護士たちも、企業内弁護士は「今後増える」という見通しながら、その規模やペースについては見通しが立たないということで、ほぼ一致していました。

片岡弁護士の論稿に出てくる日本組織内弁護士協会の調査によると、二〇一〇年一二月末現在、企業内弁護士は五一二人。規模的には広島弁護士会より大きく、千葉県弁護士会より少し小さいくらいと紹介されています。

彼女の論稿で驚いたのは、企業内弁護士の女性比率の高さです。五一二人の内訳は男性三一〇人に対し女性二〇二人で、女性比率は三九・四%。全弁護士に占める女性の割合一六・八%に比べ、かなり高い数値を示しています。片岡弁護士は「やや強引にまとめると」と前置きして、インハウスローヤー（組織内弁護士）の時代は、「日本企業が六〇期代の若手の女性弁護士を、たくさん雇いだして到来した」とくくっています。

しかし、この特集で特に印象に残ったのは、座談会のまとめで述べられた総合商社で約三〇年の勤務歴がある柏木昇・中央大学法科大学院教授の発言です。

彼の言われたことは大きく二点。ひとつは現在の法科大学院と司法研修所の教育が企業内弁護士養成を視野にいれていないことです。研究者教員は「学問的におもしろいこと」ばかり考え、リスクが大きい順に重要とする企業と違う発想であり、実務家教員はほとんど伝統的訴訟弁護士で、訴訟実務が中心だと。

もう一つは、企業内弁護士の実績で今後の状況が変わるという見方です。企業の九割以上で弁護士採用に消極的といわれるなか、企業内弁護士が役に立つという体験が社内や他社に広まることが需要拡大につながる。その意味で、彼はやはり法科大学院での教育には期待しながらも、弁護士資格そのものの必要性にはやや懐疑的で、卒業後はチームワーク力や創造力・気力等企業人としての能力が大切として、こんな社内弁護士の発言を紹介しています。

「法科大学院を卒業して司法試験に受かったら、司法研修所に行かないですぐ来てほしい。なぜならば、司法研修所の教育は全くむだで、弁護士資格はあってもほとんど役に立たない」

こうした発言から、何が見えてくるでしょうか。企業ニーズから逆算すると、これまでの法曹養成の未来予想図は、かなり描き直さなければならなくなります。もちろんその中には、司法研修所の無用論、弁護士資格不要論まで描き込まれるかもしれません。

そうした予想図自体、現在の企業内弁護士たちの実績に対する企業側の評価にかかっているともいえます。それがこれから法曹界を目指す人たちに、どういうメッセージとして伝わるか、また、その結果、法科大学院と法曹養成がどう変わっていかざるを得なくなるのか、あるいは柏木教授が指摘したような企業内弁護士、つまりは企業ニーズを視野にいれた養成へと変わっていくのか——そこは注目していかなければなりません。

そして、企業側からは「過剰」とまで評されるほどの期待感を示している弁護士会の方々が、そうしたことと含めて、どこまでの予想図を描けているのかも気になります。

いずれにしても、企業内弁護士という存在からみた「多様な法曹」は、いまだ不確実な未来に横たわっています。

5　経営弁護士の苦悩と未来

弁護士の経済状況が激変する中、弁護士の話のなかには、かつては聞かれなかったような自覚や認識を示す発言を聞くことも度々あります。そのなかでも最近、とみに聞かれるような印象があるのは、「経営者」目線の話です。

いうまでもありませんが、「経営者」といっても景気のいい話ではありません。イソ弁や従業員の生活を心配する、経営不安定な中小・零細企業の社長をイメージしてしまうような話です。

もちろん、これまでの事務所「経営者」弁護士も同様の悩みを抱えてきたでしょう。昨日今日始まったことじゃない、とおっしゃる方もいるかもしれません。

しかし、事件数の減少と弁護士の増加がじわじわと経営を圧迫し、弁護士たちのそうした発言になって現れている観があります。

弁護士自身よく口にすることですが、「自分たちの仕事は水商売」だと。お客さんの入り次第で、来月の収益が必ずしも見込めている仕事ではないのだというのです。言われればそうなのですが、おそらく一般の人は、弁護士の仕事をそんな風にイメージしていません。

事務所が大きくなるにつれて、経営弁護士が事件処理業務をできなくなる現実を、前島憲司弁護士が最近のブログで書かれています。

「最初は本来的業務である事件処理の片手間でマネージメントとマーケティングという経営面での仕事していた。しかしながら、事務所が大きくなるにつれ、経営面の仕事に労力を注がなくてはいけない。段段事件処理は勤務弁護士や事務局スタッフに任せることが多くなり、最後にはまったく事件処理業務をやらなくなる。つまり専門性を捨てることになります」

単に、個人事業としてやっていた時代との環境の違いかもしれません。ただ、前島弁護士も指摘していますが、依頼者からきめ細かなサービスや迅速な事件処理、より低額のサービスといったことが弁護士に求められるなかで、集団的・組織的処理が不可欠というとらえ方をする弁護士が増え、その結果として選択された組織化のなかで、当然に生じてきた現象ということでもあります。

一方で、弁護士を取り巻く経済環境の悪化は、こうした弁護士事務所にとって、より過酷な状況をもたらしていることも、冒頭引用した「経営者」弁護士の発言からみてとれます。事務所の大規模化のスケールメリットが、今の経済状況でプラスに働くのか、それとも大規模化の負担の方が上回るのか。

雇われ弁護士の方が気楽、と考えている方もいないわけではありません。ただ、弁護士を大量に雇う新興法律事務所の経営弁護士の中には、こういう経済状況で、安く弁護士を雇えるメリットの方に重きを置いている方もいます。これもまた、経営弁護士の方から、弁護士の専門性よりも安い労働力に目をつけているようにとれるあたり、これまであまりお見かけしなかった、弁護士の「経営者」目線のスタンスのようにも見えます。

さて、前記ブログのなかで前島弁護士は、事件処理面での専門性を捨てて経営に専念する弁護士、果ては法律事務所経営の専門家弁護士が登場する未来を予想しています。

現在の法制度では、病院経営を医師が担うことが義務化されているように、法律事務所の経営者は弁護士資格をもっていなければいけません。ただ、病院の世界でもこの形に疑問が呈されているように、経営者目線の弁護士の増加は、経営への弁護士資格限定が外される方向に社会が傾斜するのを後押しすることになるかもしれません。

こういう方向のなかで、この国に残る弁護士は、果たして時として商売抜きでも市民のため立ち上がってくれる存在として残ってくれているのかどうか。かつての弁護士では考えられないようなセリフも、これからもっと弁護士の口から聞くことになるのではないでしょうか。

6　「不正解決」を描き出す理由

二〇一一年五月三一日付けの「朝日新聞」朝刊の対論記事での奥島孝康・元早稲田大学総長の発言のなかに、こんな下りがあります。

「地方では、法的なトラブルが発生しても弁護士が少ないため、ヤクザや地域の有力者に仲裁を頼んで紛争を解決する人がたくさんいます」

彼がどういう文脈でこういうことを言っているかといえば、増員の影響で弁護士が食えないというがそれは東京など都会だけ↓地方はまだまだ弁護士が少ない↓前記のような実態↓地方でそうした潜在的なニーズを掘り起こせば、仕事はあるはず。つまり、こうした実態があることが、弁護士を増員しても大丈夫なことを示す潜在的なニーズの証というわけです。

正直これを見て、まだこんなことを言う人がいるんだと思いました。こういう話はないとはいいません。ヤクザや有力者が出てくる、いかにもな紛争解決のパターン。でも、これが地方の実態といえるような、軸となる話でしょうか。

少なくとも、「身近になる」司法の射程に入る庶民がかかえるトラブルが、こうしたパターンの解決に頼っているという話になるとして、ヤクザや有力者は、市民にとってそんなに「身近なパートナー」でしょうか。

これを「潜在的なニーズ」として弁護士の営業努力を求めるのだとすれば、地方の弁護士は、現在ヤクザや有力者に頼っている案件について、市民に「そちらでなくこちらへ」という形の営業をすることになります。「そちらだと危険ですよ」「付け込まれてもっとお金がかかります」「簡単な解決のようで、結局厄介です」「不正・不当な解決方法です」という、ある意味、正当なネガティブキャンペーンを打てば、やがて目覚めた大衆が弁護士の方にやってくる——こういう話でしょうか。

そんなわけはない、と多く人が思うでしょう。ただ、「まだこんなことを言う人がいるんだ」という感想をもったのは、実はこの切り口は、法曹界の方ならば、司法改革論議においてかなりおなじみの論調だったたからです。

改革論議の中で飛び交った言葉に「二割司法」というものがありました。「平成の鬼平」としてマスコミの寵児となった中坊公平・元日弁連会長が提唱した言葉で、「わが国の司法は本来果たすべき機能の二割しか機能していない」、つまり日本司法の機能不全を表現したものです。

この機能している二割を除いた残り八割の世界が、まさに奥島さんがおっしゃったようなものとして必ず言われてきました。泣き寝入り、政治決着、行政指導、ゴネ得、暴力団による解決といった、いわば不正・不当な解決の形になっているということです。

「二割」といわれた機能不全の根拠がなかったことはもはや疑いようがないことですが、ここで描かれたイメージが、どれほどの眠れる弁護士ニーズを想像させ、それが増員を含め「改革」への弁護士の行動を牽引してきたか。

奥島さんが弁護士増員の必要性を強調したいあまり、地方にこういう実態があるという結び付け方をしたのは、改革論議のなかで、関係者のなかに刷り込まれてきた論調の典型を思わせます。当然のこととして使い古された見方でありながら、えんえんと根拠が薄弱な状態のおかしな用法に思えます。

市民ニーズとして、弁護士がものすごく足りないことにするためには、どうしても市民の泣き寝入り、ヤクザや有力者が跋扈する社会を強調して描かなくてはならなかった――「二割司法」というスローガンが生まれた本当の経緯が、そんな風にもとれてしまうとき、この「改革」は、やはりもう一度立ち止まって考えなければならないように思えてきます。

7　「華麗なる」転職のすすめの本気度

現在、討議が続けられている政府の「法曹の養成に関するフォーラム」に日弁連が提出した資料のなかに、日弁連が二〇〇七年一〇月に発行した「弁護士のための華麗なるキャリアプラン　挑戦ガイドブック」というパンフレットが含まれています。

企業内弁護士、任期付公務員、国際公務員弁護士・国際司法支援弁護士、法テラス常勤スタッフ弁護士・公設事務所弁護士、裁判官任官を紹介しているもので、弁護士の転職先の紹介、もっと言ってしまえば、転職のすすめといった内容です。

「華麗なるキャリアプラン」というタイトルは、一体だれが考えたのでしょうか。いかにも若手を意識し、転職の「可能性」を受け入れやすくする、みえみえの配慮がやけに鼻につき、「華麗なる」にいたってはこびているというか、いやらしさまで感じてしまう、少々「痛い」パンフレットです。

現に当時、これを見た弁護士の中には、このパンフに首をかしげた方もいました。転職先としてこんなものがありますということを提示されても、若手はどうにもならない、本当に求めているのは職域拡大ではないのか、というものです。

つまり、ここで示されている「転職先」は、決定的に多数の弁護士を受け入れる受け皿にはなり得ないという現実を本当は分かっているのではないか、ということでもあります。そうであれば、「華麗なる」プランとは、いくら「可能性」を示したとはいえ、日弁連自身が現実から目をそらしているようにもとれます。

現に、坂野真一弁護士が、当時のブログであきれ返っていました（「日弁連の大いなる誤解」）。

「若手の弁護士が求めていることは、すでに知っている弁護士の職域に関することを改めて教えてもらいたいというものではありません。弁護士会として（他士業等が法律違反を覚悟で浸食し続けてきている）弁護士の仕事を守り、そして新たな職域拡大を図って欲しいということです。それが弁護士増員を容認した日弁連執行部の、若手弁護士に対する最低の責任であるはずです」

「こんなあほらしく無駄なパンフレット（イラスト入り、フルカラー）を作成し郵送する費用があれば、他士業と弁護士の扱える業務の違いをきちんと広告することもできますし、弁護士法違反をして不十分な解決しかできない者を摘発して司法への信頼を取り戻すこともできるでしょう」

実は、こうした「転職のすすめ」は、弁護士の経済難からの増員慎重論を「けしからん」とする経済界、法科大学院関係者、大マスコミが、「こんなにいろいろあるじゃないか」と、弁護士批判論調でつとに挙げてきたものです。ただ彼らも、企業など受け入れ側が現実にどのくらいの規模を収容するつもりがあるかについての突っ込みは極めて甘く、せいぜい「採用してみたら」といった調子です。

つまり、本当はその現実から逆算して、増員自体を再考してもいいはずのところが、弁護士側の心得違い、まるで「転職」への気概のなさが原因のような言い方になっているのです。

坂野弁護士も指摘したように、日弁連執行部には弁護士増員容認の責任があるはずなのですが、このパンフはどうもそのことを脇に置いて、心得違いをいう「けしからん」派側のスタンスから作られているように感じます。「君の挑戦しようとする気持ちひとつでいろいろ道は開けるのだよ」と。

8 認識を共有しきれていない「経済苦境」

最近、私のブログを読んで下さっている方から、弁護士の経済的な苦境についてよく聞かれます。さらに具体的で切実な実態を知りたい、ということです。

弁護士の経済事情については、ときどき法科大学院や増員と絡めて大マスコミも取り上げ、「大変みたいだ」くらいは、かなり一般にも知られてきた観がありますが、それでもそれがどの程度の問題なのかについては、まだ十分には知られていません。

実は弁護士同士についても、広く認識を共有しているわけではないと思います。弁護士の現在の経済状況は、どういう業態で、またどういう地域で仕事をしているかによって全く違うのが実情です。企業・渉外弁護士から、街弁といわれる市民の事件を取り扱っている弁護士、過払い問題で成長した新興事務所、さらには若手の即独組（事務所勤務歴なくすぐに独立する弁護士）、さらに勤務弁護士か経営弁護士かで、現在の置かれている状況が違いますし、地域は都市部なのか地方なのかでももちろん事情が違います。

弁護士に取材しても、多くの人は自分の周辺事情については分かっても、全体的にどうかというとなかなかコメントできません。もちろん、噂というレベルでは一般の方たちよりはいろいろな情報を耳にしているわけですが、それも限界があります。

決定的な問題としていわれるのは、やはり本当のことを言いたがらない現実があることです。あまりに経済的に大変というのは、恥ずかしいという意識が働くというのです。これは理解できます。

現在の弁護士の経済苦境は、主に若手を中心に語られますが、実はベテランにもそれは及んでいます。若手もそうですが、ベテランならなおさらのこと、カミングアウトできない心境は分からなくもありません。そのなかで、やむにやまれず若手の一部が、正直に現況を吐露しているのが実情です。

言ってどうなるという、あきらめ感のようなものも出始めています。増員路線が続く中、明るい展望もなく、マスコミや経済界は、「甘えるな」とばかり自己努力と自己責任をたたみかけている現状で、「やれることはやっている」という悲鳴も聞こえてきます。弁護士会では、表では「まだまだやれる」的に鼓舞する意見があっても、裏に回れば、暗い話ばかりが聞こえてくるといった状態なのです。

さすがに弁護士の中から、「優秀な人間はこの世界にこなくなるだろう」という意見をよく聞くようになりました。ある弁護士は、「弁護士はまたまだ儲けている。一般よりまだ恵まれているということがマスコミなどで強調されているけれど、ある程度の条件がなければ、現実的には優秀な人間たちは他の世界にいってしまう」と嘆いていました。そんな人間は来ないでいい、志のある者だけ来ればよしと、これまた表では威勢のいいことを言う人もいそうですが、裏に回れば、やはり前記弁護士の言を気にしている人は、この世界に沢山いるようです。

弁護士の不景気な話ばかりせず、もっと魅力を伝えるべきという人もいますが、それは必ずしも正しいとはいえないと思います。「食えない」ことを伝えれば、人は来なくなると言いますが、現実はやはり伝えられなければならないし、伝えられることによって悪化や被害が止められるということがあります。

弁護士のブログを見ていると、正直に本音を発信されているととれる方が沢山います。所詮よそ行きの言葉で語っているなどと言う人もいますが、これを毎日読んでいると、大分、ナマの弁護士に近づける気もします。かつてより個人が発信できる手段があることの、格段の違いを感じます。

私の主宰するサイト「司法ウオッチ」でも、「弁護士の経済窮状の現実を教えてください」という質問を掲げたところ、その書き込みが少しずつ増え出しています。匿名可ですので、若手からベテランまで、ぜひ書き込んで頂ければと思います。

弁護士同士、そしてそれを取り巻いている社会が、まず認識を共有するために、今、これまでになく弁護士個人が意見を発信しなければならない時代に突入していると感じます。

第３章　淘汰の論理

１　「改革」の影響から見た本当の目的

ある出来事について、「最も得した人」と「最も損をした人」を考えてみる分析の仕方があります。この方法の面白いところは、起こったことの性格を読み取ると同時に、時に、この出来事を起こした隠れた当事者とその目的をあぶり出すことがあることです。

もちろん、ものごとには「たなぼた」といわれるような、偶然「得」が舞い込むこともあるのですが、最大の利益獲得者から逆算して、出来事が起こされた意図を読み取れば、誰が何のために起こした出来事であったのかが見えてくる場合があるのです。そしてそれは往々にして、なにか後ろめたさを伴っているかのように潜んでいたりするのです。

今回の司法改革についてこの問いかけをすると、どういうことになるでしょうか。

「最も得をした人」については、かなり意見が分かれるように思います。弁護士界のなかで「改革」を肯定的に見る人は、弁護士増員と結び付けた過疎問題の解消、裁判員制度に伴う刑事司法の変化、法テラスの存在を挙げて、市民そのものが、確実に利を得はじめていると強調するかもしれません。ただ、これは「改革」が描いた「身近な司法」からイメージされるような形で、国民全体がその「利」を実感できているかといえば、いまだそういう状況にはないと思います。

もちろん、「改革」を否定的にみる人は、弁護士の増員がもたらす競争や淘汰に推進派のいうようなきれいな絵は描いていませんし、国民を強制的に駆り出し、国民参加によって、現行裁判への批判そのものを封じ込めることになる裁判員制度の問題性も挙げていますから、大衆を「最も得をした人」に位置付けるわけもありません。

ただ一方で、「最も損をした人」、「改革」の割を食った人の方となると、それは立場を越えて、弁護士界のかなりの人が本音では一致するように思います。

いうまでもなくそれは「弁護士」です。増員政策は弁護士の経済的基盤を破壊し、競争と淘汰へ弁護士の業態を変えざるを得ないところにきています。

このことで、弁護士会の強制加入は個々の弁護士への負担となり、会員からも否定論が起き、弁護士自治そのものが内部崩壊する危機にさらされています。

これは、もう一つ「最も得をした人」ではなく、「しようとした人」を考えるとよりはっきりしてきますが、これまた本音の話では、この世界のかなりの方が一致しているのではないかと思えます。

それは、「経済界」です。結局、弁護士を安く、使いやすく選択できる形にすることが、彼らが期待した弁護士増員の利ではなかったのかと。もちろん、そこには特別待遇しなければならない弁護士の地位そのものも、邪魔になっていたともとれます。

ただ、彼らはまだ、「得」をしきれたとは思っていない。弁護士を安く、「使い勝手」よくするということが現実化しきれていないからです。ゆえに、絶対にこの増員路線をやめるな、今やめてどうする、淘汰しなさい、というわけです。

もちろん、自治崩壊のシナリオには、弁護士会の存在そのものの改変を求める勢力の方々の利も絡んでのことと読み取ることもできます。

増員という既定方針から、ある意味、登場に道が開けた「法科大学院」で「得をしようとした人」もいたわけですが、それもまたうまくいっていません。うまくいっていない以上、やはりなんとかしようという話になるのは、当然です。

ここで大事なことは、要するに、「改革」について違う夢をみている人たちがいるということです。つまり弁護士増員の利を、あくまで「市民のため」とつなげたい人たちと、表向きそういう顔をしながら別の目的を潜ませている人たちです。弁護士にもいろいろなスタンスの方がいますが、後者の目論見を十分分かったうえで、あえて「市民のため」として、これに乗っかる形で「改革」に積極的に打って出ようと考えた方々が、弁護士界の中には沢山いたのです。

もちろん、弁護士が「割りを食っている」こと自体、別の目的を持つ方々も含めて、推進派の方々は、「市民のため」の犠牲として描くことが、一番社会に伝わりやすいという認識にたっておられると思います。

今でもこの同床異夢の「改革」の利に期待する弁護士も沢山いるわけですが、さすがに現状は、多くの弁護士の目を覚まさせたような感もあります。つまりは、大方の人が感じている、現在のところ最も「改革」の割を食っている弁護士、その変質が、本当に市民の利につながるという絵が描きにくくなってきているからです。そのことは同時に、「改革」がだれのための、どういう目的のものであったのかを改めて浮かび上がらせているように思えるのです。

それをはっきりさせることは、実は、市民が割りを食うことを回避させることでもあるはずです。

2 弁護士「淘汰」が無視する実害

弁護士を増員するということは、いつのまにか「淘汰」ということとともに、当たり前に語られるようになりました。もちろん、弁護士会内の増員論議でも、当初は「淘汰」という言い方はあまり耳にしませんでしたし、「競争」という言葉も、増員反対派があくまでネガティブな意味で使うのがほとんどで、これらの言葉をおよそ弁護士が肯定的に使う場面は、一部ビジネス派の方々を除き、あまりなかったように思います。

それがいまや、弁護士のなかに「淘汰」や「競争」を肯定的に使う方々が沢山いらっしゃいます。この背景として、一つには、他のサービス業との同一化ということがあると思います。弁護士の仕事がニーズという側面から語られたとき、他のサービス業と同様に利用者利便の重視が要請され、必然的にその良質化への競争も起きるという見方です。増員はそれを当然に回避できないのだろうと。これを心得として受け止めた弁護士も沢山いただろうと思います。

ただ、見方を変えると、背景としてはもう一つあるのではないかと思います。それは、弁護士増員による実害がはっきりしてきた、つまり、それを認めざるを得ないという状況があるからではないかということです。

弁護士の増員は、新たな法曹養成過程をもってしても「質」は担保できず、既存の弁護士についても、いわれてきたようなニーズがその数を支えきれないことで経済環境が激変し、不祥事も増える。そうした、いわば「不良品」の社会放出が、増員とともに現実問題として避けられないことが濃厚になるにつれて、「淘汰」と「競争」が強調されてきました。

つまり、それでもいいじゃないかと。増員の実害をいう慎重論に対し、「淘汰」「競争」が最終的にもたらす「良質」が強調されてきたのです。

実は、ここに問題があります。サービス業の心得として、あるいは大衆に受け止められやすいものをはらむこの考え方は、一方で、後者の実害ということに関して、極めて危ういものをはらんでいるということです。

薬品に例えてみれば、実害をもたらす可能性があるものをいったん社会に放出するという考え方には立てません。実害や副作用が想定されるのならば、効能の競争による「淘汰」を期待するということはありません。これには選択の保証ということがあります。つまり、成分を見ただけで、消費者は副作用や実害を判断して回避することができないのです。これは結果として、人体実験になってしまいます。

つまり、とりあえず社会に放出し、「淘汰」にゆだねてもいい商品とそうでない商品、この考えが許されるものと許されないものが存在するのです。その判断要素は、一つには、利用者側が公正に判断できる対象かどうか、もう一つは、利用者の選択の失敗がもたらす重大度、とりかえしがつく度合いだと思います。

大衆にとっての弁護士は、一生に一度のお付き合いになるかもしれない、次はないことも考えられる一回性の仕事であり、それがもたらす重大性はもはや説明するまでもありません。薬についていえば、効能による競争があり、必ずしも一回性ではなく次がありますが、それは実害が想定されるものを事前に排除し、社会に放出しない前提があっての話です。

弁護士についても、企業との関係では、このリスクが少なく抑えられる現実があります。使う側の企業主導で弁護士を選択し、サービスの質を判断して、適切な交換が可能です。それでもこの判断には、ベテラン法務マンの能力が必要との見方もあるくらいで、大衆の弁護士依頼とは、根本的に条件が違います。つまり、「淘汰」が成立する環境を比較的満たしているということなのです。

どうもその方面から、その尺度で、弁護士増員と「淘汰」が強調されているのが気になります。

「淘汰」による実害の先に大衆に待っているのは、「自己責任」という言葉です。つまり、自らの選択だと。「淘汰」をいう方は、ことさらに国民の「自由な選択」を強調されるのですが、それは選択できるフェアな関係が、前提として成り立っている場合にいえることです。

「淘汰」「競争」の成果の美化されたイメージだけが流され、大衆にもたらされる現実が伝えられていないように思えてなりません。

3　弁護士増員とコストの意外な関係

弁護士が増えることをよしとする方々の意見のなかには、もちろんそのことによるメリットへの期待感が込められています。その期待感とは、要するに弁護士の使い勝手がよくなるということであり、それは「身近になる」ということも含めたアクセスと、金銭的な意味があり、実は社会はより後者に期待感を持っているようです。

弁護士が増えることによって、競争が起きてよりよいサービスが国民に提供されることになる、質の悪い弁護士は淘汰されて退場することになるという描き方のなかに、弁護士を安く使えるようになることも一緒に描き込まれています。

結果、悪いことは一つもなし、それなのに反対する弁護士は、社会のメリットを考えず自らが楽して儲けられる環境を崩したくないだけだ、という論法になっていきます。

しかし、あえて低額化ということに絞って考えたとして、これも果たして推進派が描くようなきれいな絵が描けるのかという疑問があります。

「なぜ米国では弁護士報酬を高くできるか」

かなり前のことになりますが、あるブログ（「つれづれなるままに～弁護士ぎーちの雑感」）のエントリーにこうしたものがありました。この中でブログ氏は、なぜ米国ではクライアントが高額の弁護士報酬を払うのだろうか、という素朴な疑問から、日米間の相違に関して興味深い米国弁護士による分析を取り上げています。

「もしも、日本が安く、米国が高い、というのが本当だとすれば、それは、日本の弁護士がみんな質が良いからではないか。日本人弁護士と何十人も会ったが、能力的に疑問を感じる弁護士に会ったことはない」

「ところがここでは、弁護士なら誰でも優秀で問題なく代理できるとは限らない。弁護士のMalpractice（弁護過誤）も多い。優秀な弁護士を抱える巨大事務所が日本より沢山あるように感じるだろうが、それでもそういう事務所は弁護士のトップ五％に過ぎない。だからクライアントにとっては、優秀な弁護士をみつけるのが意外と難しく（利害相反を考慮すれば同一業界で同じ事務所を使う訳にはいかないし）、見つけられたなら、高い報酬を払ってでも維持すべきと考える」

ところが日本では、巨大事務所に依頼しなくても、中小の事務所が弁護士の質という意味で劣るということは相対的に少ない。巨大事務所のような高額な経費がかからない分だけ、中小の事務所は比較的低価格に法的サービスを供給することができる。その均衡上、それなりに大きな事務所も弁護士報酬が安くなるのではないか——。こんな結論になっています。

これまで一定の数で質を保ってきた日本の弁護士は、逆に低額化を可能にできた環境なのだという見方です。競争による淘汰をプロセスとして予定しているような玉石混交の状態は、「良質」に出会うために、結局コストがかかる状態であるというわけです。

「良質」が残るという「淘汰」のプロセスがどのくらいの期間続くのか、そもそも良質化が進むのかも不透明なその過程は、余計なコストがかかる。と同時に、そうした環境を見込んだ弁護士側の価格設定もあり得ることになります。

つまり、質が担保されていない弁護士が社会に放たれている環境は、質を確保するために、金銭的にも利用者に負担がかかるということです。手段においても、コストにおいても、依頼者・市民に負担と責任が転嫁されることになるといってもいい状態ということになります。

そうだとすれば、弁護士の増員による低額化の期待は、絵に描いた餅に終わることになります。むしろ、この米国弁護士の分析に立てば、そうした環境が利をもたらすのは、巨大事務所ということになります。玉石混交は、高い報酬でも良質を求めるクライアントを生み、巨大事務所がそのニーズの受け皿になるようにとれます。逆に、コストをかけられない大衆にとって、良質との距離は遠い環境となります。

もっとも日本において、巨大事務所が良質を担保するブランドとして存在するのかどうか分かりませんし、その点でも、米国の状況がすべて当てはまるとは言い切れませんが、ただ、競争による淘汰によって、良質化と低額化といった「使い勝手」につながるシナリオとはかなり違う結果です。

少なくとも、そういう絵の描き方があることは、きちっと大衆に伝えられるべきと思います。

4 「弁護士」という肩書威力の利用

何らかの争いに発展しそうな当事者間で、相手側が「弁護士と相談している」と言ったとすれば、多くの市民はどう感じるでしょうか。この手の経験を積んでいる方はともかく、訴訟などに縁のなかった大衆からすれば、それだけで相当の警戒感と不安感を持つはずです。「面倒くさい主張を掲げてくるかもしれない」「相手は訴えてくるのか」「裁判沙汰になるのなら、こちらも弁護士を付けなければならないか」などなど。

これは、自分の置かれている状況が、別の段階に入ったような感覚かもしれません。逆に相手側からすれば、そう自覚させる効果があるということです。あるいは、人によっては、「内容証明」とともに、これを「脅し」効果としてつかっている現実もあります。

こんな話をしていたある市民は、相手側から「弁護士の知り合いが沢山いる」ということを聞いただけでもプレッシャーを感じる、と言っていました。そんなものかもしれません。

弁護士は、やはり特別な存在ということになります。この特別とは、どういうことでしょうか。弁護士の訓練された法的能力でしょうか。正義でしょうか。資格でしょうか。

市民の受け止め方をみれば、特別視されているのは「弁護士」そのものというよりも、「弁護士の登場」というべきなのかもしれません。弁護士という人間が介入してくる状況が、特別だということです。だとすれば、必ずしもそのときの介入は「正義」の介入という受け止め方ではないでしょう。訓練された法的能力をもった資格者がかかわってくる、ということです。

あえて「脅し」としましたが、この状況が、結果として悪い方に展開するとは限りません。交渉に応じない人間がこれによってテーブルにつくこともあれば、相手も弁護士がつくことで、公正な解決への期待を高める人もいるとは思います。ただ、すべてをそう見ることはできません。

つまり、弁護士の登場はすべてプラスなのか、という話です。

「弁護士のニーズがある」といわれている企業との関係で、武本夕香子弁護士がブログで疑問を投げかけています（「弁護士が多くなれば世の中は良くなる?・」）。

企業の弁護士ニーズの中身として、増員の根拠にもつながっているコンプライアンスの向上、つまり弁護士が参入することによって、企業倫理を含めた法令遵守という面が強化されるようにいわれることについて、武本弁護士は次のように真っ向から反論しています。

「一般の人と比較して、弁護士の方が倫理観において劣っていると感じることも多いです。その理由は、おそらく弁護士が常に『法律に反するか否か』と言う最低の倫理たる法律の世界で日常暮らしているせいではないかと思っています。一般社会では、ここまで卑劣なことをしていれば社会から駆逐されるべきといった人物が、弁護士会では許されるどころか、むしろ役員等になって平会員よりも大きな顔で、より大きな声で発言をしていることが散見されます」

つまり、弁護士の資格をもった人間の参入がコンプライアンス向上につながる論理的必然性はないと。企業内でそれに尽力している弁護士を否定するつもりはないが、弁護士資格は関係ないと。要するに、弁護士という資格者は特別な存在でなく、「弁護士が入らなければ」ダメのようにいうのは、一般の企業人を見下しているというわけです。

これは、前記した市民間の紛争での「脅し」とは違いますが、「弁護士参入」による「公正さ」のアピールだとすれば、これも共通した「弁護士」という肩書威力の利用ということになります。

武本弁護士の指摘に立てば、まるで「採用枠」となっているような第三者的な倫理委員会とか検証委員会に入る法曹関係者にしても、どこまで肩書威力がアピールしてくれるのか、単に

「公正さ」へのお墨付きのためなのか、やはり疑いの目を向けてもいいことになります。もちろん採用する側は、その法曹個人の識見・能力を強調するとは思いますが。

さて、「改革」が進める弁護士増員は、基本的にこの「弁護士の登場」を社会生活のあらゆる局面に広げ、増やせという方向です。それが「公正」な社会になるという描き方ですが、市民からすれば、「脅し」も「肩書」威力も、格段に遭遇する社会になるということです。それがいいのか悪いのか、それを望むか望まないか以前に、弁護士の増員の結果が大衆に伝えられているのかが気になります。

5　成り立つ前提から目を背けた論法

二〇一一年五月二五日に行われた政府の「法曹の養成に関するフォーラム」の第一回の会合で、消費生活専門相談員の岡田ヒロミ委員が、弁護士の増員に関連してこんな発言をしています。

「弁護士のニーズに関しましても、確かに東京や大阪などは弁護士の数が増えているのですが、東北や九州の奥のほうに行きますと、まだまだ消費者が弁護士にたどり着かないという実態は変わっていません。だからこそ法テラスとか弁護士会がやっているひまわり公設事務所が活用されているのではないかと思いますので、弁護士が三〇〇〇人で多過ぎるということは、私どもとしては実感がありません。地域性によるのではないかと思っています」

この発言に対し、猪野亨弁護士が憤っています（「弁護士　猪野亨のブログ」）。詳しくは彼のブログをご覧頂ければと思いますが、要するに、どうして弁護士を激増させると、「東北や九州の奥」の人が弁護士に出会えることになるのか、という話です。岡田委員は立場上、「消費者」という観点でお話しされているわけですが、現実にどのような消費者問題があって、それに対する弁護士の関与の是非も含めてとらえるべきではないかと。感覚的な話ではないか、というわけです。

実は岡田委員に限らず、増員と地方ニーズの話で必ずといってもいいくらい登場する、この感覚的な論法には、それこそ弁護士会のかなりの方が首をかしげる、ということを通り越して、もはやうんざりしているのではないかと思います。

弁護士を激増させることで、地方への弁護士流出が起こるという発想。例えれば、コップに注がれた水がいっぱいになり、あふれだしてその外に流れ出す。ただし、外に必ずしも受け皿があるわけではないという話。

より仕事として成立しそうなところに集まる結果、弁護士が都市部に集中しており、基本的にそれは変わらない。あぶれた人がコップからもれて、地方にしょうがなくいくだろうと。ただ、そこに受け皿が本当にあるのならば、蛇口は初めからコップの外にも向くのです。つまり、これからもえんえんとコップの上に水は注がれる。そもそも、あふれた先がどうなるか分からなくても、水はコップに注がれ続けるのかどうか。コップのなかにおさまれば、外にはまた水はいかなくなるだけです。

つまり、その程度や必然性に何の裏付けもない、「あぶれりゃ地方にいく奴もいるだろう」という大雑把な話です。百歩譲って、数が増えれば食うや食わずでもやる「有志」も混じるだろ、というのであれば、これまたなんとも先の見えない話で、統計的にどのくらい増やせば、どのくらい「奇特」な方が混じるのか、教えて頂きたいところです。

そもそもこうした食えない弁護士の増産を前提に、地方流出を構想すること自体、「地方の人達を愚弄する発想を含む」として、その不適切さを指摘する声が弁護士の中にもあるのです（武本夕香子「法曹人口問題は、ここ数年が正念場です——東弁意見書を読む」）。

ただ、弁護士のなかからも、「うちは、増員政策のおかげでこんなにアクセス改善された」という増員メリットをいう声が聞かれないわけではありません。しかし、いみじくも岡田委員自身がおっしゃっているように「地域性による」のであって、それと全体の数を激増させることの影響・効果を直ちに結び付けられるとも思いません。もちろん、その改善自体、増員ではなく「有志的努力」の成果かもしれませんが。

それにしても、企業ニーズにしても地方ニーズにしても、弁護士の大量増員を肯定するために描かれるストーリーは、「実はそれほどない」とか「実は成立しない」とか、どうして一歩踏み込めば即破たんするような話ばかりなのでしょうか。

猪野弁護士も言及していますが、カネにならないニーズを引き受けられるのには、現実的に弁護士の経営状態がどういう前提である必要があるのか、どういう前提があったからこれまで成り立ってきたのかを考えなければなりません。どうしてもこの議論にいかないのが、不思議でなりません。

6　正しく認知してもらう「開拓」

弁護士の「未開拓分野」というのがよく聞かれます。弁護士が取り組むべき分野で、まだまだ進出の余地があるという意味でいわれることがほとんどです。

いろいろな見方があるようですが、交通事故や遺言・相続、さらには中小企業の法律問題などが挙げられています。

とりわけ交通事故については、実は「未開拓」というより、「失地回復分野」なのだという弁護士もいます。昭和四〇年代までは、交通事故事件は弁護士業務のドル箱だったのが、「示談代行付き任意保険」発売で、弁護士業務としての交通事故事件が激減。加害者側の示談代行担当保険会社社員が、被害者側の相談、実質的な仲介行為を行い、多くの被害者が弁護士に相談することなく、保険会社ペースで示談に応じている形になったといいます（ブログ「弁護士小松亀一法律事務所」）。

弁護士に頼むと高くつくというイメージが当事者側に出来上がっていたり、一方で、弁護士側も交通事故を定型処理事案とみて、積極的に取り組まなくなったという分析もなされています。しかし現実的には、弁護士に依頼すれば、損害賠償で十分メリットがあるという見方があり、注目している弁護士がいるのです。

ただ、弁護士の未開拓分野とは、別の見方をすれば、弁護士を使う効用がアピールしきれていない分野ということもできます。弁護士がやるかやらないかは、そこに弁護士依頼のメリットを感じている市民がいるかどうかにかかっています。弁護士業務としての交通事故案件が減退したのも、まさにそう見ることができます。

したがって、開拓、失地回復は、まず弁護士依頼のメリットを社会に伝えること、それ以前に、弁護士がそうした業務を行うこと自体を知らない人にそれを知らせることが、当然、必要になります。

そうなると、広報もしくは広告・宣伝ということが当然の課題となります。

一つ皮肉な見方があります。下火になってきたとされる多重債務問題・過払い金請求。これを弁護士の業務として、社会に認知させた最大の功績はだれにあるのかといえば、弁護士界のなかで眉をしかめる人が多い、例の過払い新興事務所ではないか、という見方です。同事務所が打った大量のテレビＣＭが、この分野の弁護士業務の認知に貢献したのではないかというのです。

一部弁護士会でもCMを打ったそうですが、やはりアピール度で完全に劣っていたようです。金銭的な表現では弁護士会広報に限界がある、という見方もあります。

意識がかなり変わってきたとはいえ、弁護士の広告に対する感覚はさまざまで、依然、消極的なとらえ方も少なくありません。拝金的と噂される事務所が広告を出していると、途端に「一緒に見られたくない」という敬遠意識が働きます。

また一方で、資金力がある事務所が広告を打つ「競争」の形が、果たして大衆にとってリスクがないのかという見方も根強くあります。しかし、間違いなく過払い新興事務所は、功績に胸を張るでしょう。現実的な救済の道をつけているではないか、と。

さて、どうするという話です。弁護士会内では、会広報に期待する声が依然強く出されます。ただそれには限界があり、やはり、弁護士はどうしても個人で発信することを考えていかなければならないと思います。強制加入団体であるがゆえに、個人の業務にかかわることは、必ず公平性の問題もつきまといます。

もちろん、誰もがCMを打てるわけではありません。CMの威力に太刀打ちできるかという意見もありますが、やはりインターネットを活用して、できるだけ個人として発信することが必要ではないでしょうか。また弁護士会は、それをバックアップするような広報をなんとか模索するしかないように思います。

弁護士の存在と弁護士の仕事を認知してもらう方法は、「競争」とは別に、考えていかなくてはなりません。

7　弁護士強制制度という方向

最高裁が二〇一一年七月八日に公表した「裁判の迅速化に係る検証に関する報告書」の内容に関して、「朝日新聞」が八月一日の社説で取り上げました。

「民事裁判改革　審理充実へ知恵集めよ」

こうしたタイトルで「朝日」が注目したのは、二年ごとで四回目になるこの報告書が打ち出した裁判の充実・迅速化に向けた施策です。とりわけこの社説が興味深いのは、「朝日」が弁護士に関連した施策として「弁護士強制制度」に強い関心を示していることです。

報告書にはこうあります。

「本人訴訟における審理の適正・迅速化を図る観点から、前記の諸施策により弁護士へのアクセスを一層改善することに加え、弁護士にアクセスできるにもかかわらず自ら訴訟を追行する当事者の割合が増加している現状をも踏まえ、弁護士強制制度の導入について、部分的導入の可能性も含め、検討を進める」

これは弁護士数が増加しているにもかかわらず、民事第一審訴訟事件における本人訴訟の割合は増加傾向にあり、その本人訴訟が裁判所側の負担になったり、複雑な事件では、審理が長期化する場合があるというとらえ方が背景にあります。

つまり、弁護士選任を義務化する制度の導入を検討しようというのは、とりもなおさず本人訴訟が増える現状をなんとかするということ、本人訴訟がこれ以上増えることを警戒するものです。

その弁護士強制制度について、「朝日」は社説のなかで、検討推進の立場に立っています。すべての事件への義務化は性急でも、控訴審や上告審から取り入れ、段階的に進めたり、紛争の類型を決めて導入することも提案しています。

実は、この弁護士強制制度の導入については、専門家の間でも意見が分かれてきました。弁護士のなかには自らの出番が増える形を歓迎する見方もあるようですが、問題点としていわれているのは、弁護士選任が義務付けられれば、当然、依頼者の費用負担が生まれ、訴訟の敬遠、あるいは権利擁護が行われなくなるということです。

そうした問題を十分承知してか、「朝日」はこんな表現をしています。

「裁判を受ける権利の制約に映るかもしれない。だが、司法システムをどう効率よく運営し、全体の利益を図るかという『鳥の目』をもつことも大切だ」

さらっと言っていますが、この制度の問題性に目をつぶれといっているようにもとれなくありません。「映るかもしれない」ではなく、市民の「裁判を受ける権利の制約」につながるかどうかが、この制度の問題としてまず考えなければならない点であり、その後の表現につなげれば、そのことよりも司法システムの「効率」いい「運営」と「全体の利益」を考えろといっているようにすらとれます。

なぜ「朝日」は、この弁護士強制制度の検討の背中を押すような論調をここで掲げたのでしょうか。「報告書」が示した弁護士関係の施策では、弁護士の「専門認定制度」についても取り上げていますが、社説の半分は強制制度に割かれています。

その真意は今一つはっきりしませんが、ただ、弁護士強制制度の現実的な課題としていわれてきたものの中に、弁護士の数の問題がありました。「改革」が目指す弁護士大増員がこの制度を支える、そのためにも増員路線の堅持が必要という描き方もまたあり得るかもしれません。もちろん、前記文脈からすれば、そのまま市民の権利の実質的主張の機会が犠牲になっても、訴訟の効率化と迅速化を推進せよ、ということなのかもしれません。

しかし一方で、弁護士強制制度については、当然、弁護士の一定の「質」の確保が必要となります。本人訴訟増加は、「改革」で期待された弁護士費用の低額化が進んでいないことが原因といった見方もありますし、「質」の低下が弁護士離れを加速させているという見方もあります。本人訴訟に市民が向かわざるを得ない本当の原因に向き合うことなく、訴訟の迅速化・効率化のために弁護士選任を義務化するという方向は、それこそ大衆が求める形なのかどうかもよく考えなければならないと思います。

さらに別の見方をすれば、この制度は言い掛かりを含めたとんでもない主張にも、すべて弁護士がつかなくてはならなくなることにもなります。弁護士のなかにはこれを懸念する見方もありますが、「質」の低い弁護士がこれを引き受けた場合どうなるのかも含め、「出番が増える」では済まない問題があります。

市民の権利擁護を中心に考えるのであれば、やはり「鳥の目」より、「虫の目」で裁判の在り方を考えるべきだと思えます。

8 弁護士「独占」の評価と前提

弁護士がいう「隣接士業」、つまり司法書士や行政書士などの弁護士外の法律関連士業の方と話していて、弁護士業との関係で必ずといって話が及ぶのは、弁護士法七二条についてです。

「弁護士又は弁護士法人でない者は、報酬を得る目的で訴訟事件、非訟事件及び審査請求、異議申立て、再審査請求等行政庁に対する不服申立事件その他一般の法律事件に関して鑑定、代理、仲裁若しくは和解その他の法律事務を取り扱い、又はこれらの周旋をすることを業とすることができない。ただし、この法律又は他の法律に別段の定めがある場合は、この限りでない」

弁護士でない者の法律事務の取り扱いを禁止した規定で、いわば「独占規定」です。違反者には、二年以下の懲役または三〇〇万円以下の罰金が科されます（同法七七条）。

この規定が、実は弁護士と前記関連士業の間に立ちはだかってきました。いや、正確に言うと、「立ちはだかってきた」と考えているのは関連士業側で、弁護士側からはそういうニュアンスではありません。

かつて司法書士側が、この規定を法律事務に参入できない「障壁」と表現したことがありました。現にこれをそうとっている士業の方は少なくないと思います。ただ、弁護士側はこれを「障壁」ではないと言います。これは、法律事務の安全を確保するためのものというのです。別の言い方をすれば、弁護士でないものの介入によって、トラブルが発生する危険が高くなるということを前提に、その点について依頼者側の自己責任への転嫁という立場はとっていない、とも読めます。

条文上の焦点は、「法律事件に関して」というくだりです。実はここに解釈の対立があります。この法律事務禁止に紛争性が必要とする立場、逆に紛争性がなければ禁止されないとする「事件性必要説」と、紛争性の有無にかかわらず、弁護士でないものが法律事務を扱うことは禁止されているとする「不要説」です。

いうまでもなく、前者にこの規定を「障壁」ととらえている関連士業側が立ち、後者に弁護士が立っています。これまでの判例は後者の立場が主流ですが、この世界の外の人が想像する以上に、この点の弁護士と関連士業の意識の隔たりには大きいものがあります。

かつて「弁護士万能主義」というものを掲げた弁護士がいましたが、多くの弁護士にとって、これは争点でもなんでもなく、「当たり前」のことのように受け取っている方が大多数のような印象を持ちます。

これに対し、当然「士業」からは、「参入障壁」ですから、できることをやらせない「不当な独占」であるという描き方です。ただ、ここを強く批判する人と、争っても負けは見えているととらえている人がいるだけです。「不要説」ならばもちろん負け、仮に「必要説」でも、紛争性を厳格に（広く）解釈されれば負け、という話だからです。

ただ、時代の流れは規制緩和、つまり、国民のニーズから逆算してやれるものにはやらせよ、そのための規制は外せという方向にあります。「障壁」とみる士業側は、もちろんそこを強く主張することになります。

二〇〇一年に出された「改革」のバイブル、司法制度改革審議会の最終意見書は、この「活用」という面からは、来るべき弁護士大増員後に「法的サービスの担い手の在り方を改めて検討する必要がある」として、弁護士と関連士業との関係を仕切り直すといった考えを示しており、棚上げにしている観もあります。

さて、ここで「当然」と考えている弁護士側が考えなければいけないことがあります。それは、「独占」を主張し、そこに資格としての明確な区別をいう以上、それなりの「質」を担保する姿勢がなければ矛盾するということです。「区別」する意味がないとみられるほど、当然、区別は解消に向かいます。この規定を成り立たせる前提として、弁護士資格への信用、厳格な懲戒を含めた監督も問われます。

そう考えると、今回の弁護士増員に関して推進派から聞こえてくる、とりあえず弁護士を増やして社会に放ち、競争による淘汰によって良質化し、質が確保されるという考え方は、その現実性もさることながら、「独占」規定を持つ弁護士側の姿勢として矛盾する感じがします。この考え方は厳格な意味での「質」の保証、それに責任をもつ姿勢とはおよそいえないからです。選択する依頼者側の自己責任に転嫁する考え方になります。

七二条を「当然」とするのであれば、「品質」を市場に任せることを前提にしなければならない論には立てないはずです。逆にいえば、こうした論に立つほど、安全を担保するとして主張される七二条の前提を、少しずつぐらつかせることにつながり、さらに、両論を主張する立場がまた、弁護士にとって都合がいい論理ととられることに、多くの弁護士が気付いていないのではないかと思ってしまいます。

第4章　二割司法の虚実

1　「合格三〇〇〇人」に突き進ませたもの

二〇〇一年五月二二日。この日、その会議は、二〇一〇年に新司法試験の合格者を年間三〇〇〇人にまで増加させるという案をめぐり対立しました。

「三〇〇〇人の目標達成時期については、必ずしも意見の一致をみていない。ある程度、幅を持たせておく必要があるのではないか」と、ある委員。

いや、「既に『頃』が入っているから幅がある」と別の委員。「『二〇一〇年以降できるだけ早い時期に』というような方がいいのでは」「それではやらなくていいことになる」。

そんな達成時期をめぐる細かな応酬を見ていたその会議を仕切るナンバー2が、いたたまれないようにこう言ってしまいます。

「どうも議論が先走りしているという傾向が否めないように思う。ここはちょっと地に足をつけた考え方を入れておいた方が良いのではないか。三倍にするのだ。実際にできるだろうか」

　すると、黙って議論を聞いていた弁護士出身の「彼」が、満を持したように口を開きました。

「司法制度改革を大きく国民にアピールしていくというところにおける三〇〇〇人問題の意味を考えると、その時期をある程度特定していくということが必要である。おっしゃるように、地に付いていないというきらいがないわけではないが、同時に今のところわれわれが唯一の牽引車。牽引車としての役割を果たしていくという姿勢が必要だ」

　もうお分かりの方もいらっしゃるかと思いますが、この会議とは、司法制度改革審議会の第六〇回会合。そして弁護士出身の「彼」とは、弁護士会での「改革」を主導し、「ミスター司法改革」の異名までとった中坊公平・元日弁連会長でした。

　この会議の三週間後、この審議会は、その後「改革」のバイブルとなる最終意見書を発表しますが、そこにはご承知の通り、「平成二二（二〇一〇）年ころには新司法試験の合格者数の年間三〇〇〇人達成を目指すべき」の文言が盛り込まれました。

　このことと前記やりとりを改めて見ると、そこからは何が見えてくるでしょうか。

　一つは二〇一〇年ころ合格三〇〇〇人達成という、今大きな議論を提供することになっているこの決定の根拠が一体なんだったのか、という疑問です。委員のなかにも達成の無謀さに首をかしげる意見もあったこの方針を決定づけたのは、いみじくも中坊氏の発言に示されているように、実は「改革」の目標を目に見える形でアピールしたかった、推進運動の戦略的意味があったのではないかと思えます。この数を二〇一〇年に達成させる構想は、ニーズや「受け皿」から逆算した実現可能な年限だったのかを疑わせるものです。

もう一つは、中坊氏が言った「牽引車」という言葉の意味です。自らを「唯一の牽引車」と言った彼らがまとめた最終報告書は、文字通り、この「改革」を牽引するものとなりましたが、この彼の思いはまた、彼の出身母体である弁護士会に向けられたのではないかと思えます。弁護士会が一丸となり、増員を含めた「改革」に自ら打って出てリードするというのが、彼が思い描いた弁護士会の姿だったのではないでしょうか。

現に弁護士会の多くは、彼とともに、そこに飛び込んでいく形になりました。増員の弊害がいわれ、日弁連執行部も増員のペースダウンを言っている今、それを「牽引」する立場を選択したことの判断の根拠と、それが正しい判断であったのか、違うとすれば何がそこに駆り立てたのか、改めて検証されるべきです。

当然の抵抗は予測していただろう中坊氏も、結局弁護士は一丸となれず、ここまでの長い会内対立を生むとは想像していなかったかもしれません。彼自身の誤算もあったと思います。

結局、あの日ナンバー2が懸念した通りだったのではないでしょうか。運動の戦略ではなく、増員の実現性、そのニーズから成り立つ規模と、そのための時間の検討がちゃんとなされていなければならなかったということです。第二次司法改革への議論が言われ出している今、今回は「地に足がついた」議論ができるかどうかが問われています。

2　生き続ける司法審「予想図」

二〇〇一年六月に司法制度改革審議会の最終意見書が出されてから一〇周年を迎えるに当り、日弁連の宇都宮健児会長が二〇一一年六月八日、談話を発表しました。

この一〇年、推進派の方々に「改革」の「バイブル」のように扱われてきた同意見書は、①司法制度をより利用しやすく、分かりやすく、頼りがいのあるものとする②質量ともに豊かなプロフェッションとしての法曹を確保する③国民が訴訟手続に参加する制度の導入等により司法に対する国民の信頼を高める――ことの三つを「改革」の柱としてきました。

宇都宮会長の談話は、日本司法支援センターなどによる法律援助の拡充や労働審判制度、裁判員制度の各導入を一定評価しながらも、民事司法改革の残された課題への取り組み、法科大学院制度が行き詰っていることを挙げました。そのうえで、「法曹の養成に関するフォーラム」での司法修習生の給費制維持、法科大学院の総定員削減等の具体的改善策合意、捜査段階での取調べ可視化などえん罪防止のための刑事司法改革を挙げています。

ただ、この談話の最大の特徴は、行き詰まる法科大学院を中核とする法曹養成制度と密接な関連を持ち、弁護士にとっての今や最大関心事といってもいい弁護士の増員路線について、「直言していない」点にあります。

「法曹人口の大幅な増加を図ることが喫緊の課題である。司法試験合格者数を法曹三者間の協議で決定することを当然とするかのごとき発想は既に過去のものであり、国民が必要とする質と量の法曹の確保・向上こそが本質的な課題である。このような観点から、当審議会としては、法曹人口については、計画的にできるだけ早期に、年間三〇〇〇人程度の新規法曹の確保を目指す必要があると考える」

「実際に社会の様々な分野で活躍する法曹の数は社会の要請に基づいて市場原理によって決定されるものであり、新司法試験の合格者数を年間三〇〇〇人とすることは、あくまで『計画的にできるだけ早期に』達成すべき目標であって、上限を意味するものではないことに留意する必要がある」（同最終意見書）

こう明言した司法審意見書に対する評価はどうなったのでしょうか。この提案が、どれだけ「改革」のなかで持ち出され、増員路線を牽引してきたかを考えれば、この内容に触れないこと自体不自然です。三〇〇〇人確保はどうなったのか、それについてどう考えるのか、「市場原理によって決定される」というのであれば、それはどのような評価になり、あるいはそれに基づいて、現実を直視して合格者の減員を図るべきなのではないか、いや、そもそも「市場原理によって決定される」という路線をこれからも維持するのか、等々、日弁連として、言うべきことは沢山あるのではないでしょうか。

全く言及しないということは、基本的に「意見書」の方針維持、あるいは「問題なし」という評価とみなされても、しょうがないと思います。

さて、一〇周年ということでは、「バイブル」起草者の中心人物、佐藤幸治・元司法審会長も、日弁連会長談話の前日七日、「朝日新聞」にコメントを寄せています。

「増員・養成改革　理念は正しい」

「朝日」が、本当は社説でつけたい言葉をもってきたんじゃないかと思えてしまうような見出しの下で、佐藤・元会長はこうおっしゃっています。

「弁護士会は増員抑制を求めるが、まだ国内訴訟中心の弁護士増から抜け切れていないと感じる。三〇〇〇人の目標は維持すべきだ。人数が大幅に増えてこそ、さまざまな分野で活動する人が出てくる。意見書では、弁護士が行政・立法機関や企業、労働組合、国際機関などで活躍する予想図を描いたが実現していない」

「予想図を描いた」は結構ですが、それが外れていることに対する認識は示されていません。外れてもなお、予想は正しく、このまま突っ込むという趣旨のようです。具体的な見通し、実現可能性、いずれも一〇年前の段階から修正の必要性はなし、という「バイブル」起草者のお話でした。

「バイブル」は生きている、起草者もそうおっしゃっているのだから、これからもこれでいくぞ、法曹界一丸で決意を新たに、ということでよろしいのでしょうか。

もっとも宇都宮会長の談話のなかに、目立たない形で「職域拡大の遅れ」という一文もありますから、取り方によっては前記「予想図」が依然、佐藤元会長同様、念頭にあるようにもとれなくありません。

やはり、前日にこの「朝日」の記事を見て、翌日の宇都宮会長の談話を見た方々のなかには、その内容に失望された方も相当数いたのではないかと思ってしまいます。

3　「朝日新聞」司法審一〇年企画の印象

司法制度改革審議会の最終意見書から一〇年で、二〇一一年六月七日に佐藤幸治・元会長の談話を掲載した「朝日新聞」（「生き続ける司法審『予想図』」）が、同じ節目での社説を同月一四日の朝刊に掲載しました。

結論からいえば、これまでの「朝日」の論調をご存知の方からすれば、別に目新しものはありません。むしろ、目新しくないことに注目すべきといっていいと思います。あくまで増員路線にしがみついているという印象です。

政治、行政、司法と続いた一連の改革で「最も実を上げている」のが、司法審以来のこの司法改革であると持ち上げたうえで、法科大学院を出ても司法試験に受からない、弁護士の就職難、志望者減少と法曹養成が壁にぶつかっている、対策が必要だと。大切なのは市民の視点で、弁護士を増やせ、そしてお決まりの、増える影響をいう弁護士の心得違いと、活躍の場は「まだまだある」論。締めくくりは司法試験の在り方や、修習についても「旧来の発想や基準にとらわれず再検討が必要」、以上。

前進がないというよりも、同じ切り口に固執しているような印象を持ちます。逆にいえば、こういうしかないということでしょう。

ただこの「社説」も、きっちりと読者への印象を植え付ける、考え方の刷り込みの役割は果たしているというべきです。いうまでもなく、この社説の三分の一を割いて展開されている、増員慎重論を唱える弁護士への批判です。

「競争が激化し食べていけない、人権活動もおろそかになるとして法曹人口の抑制を唱える声が根強くある。ずいぶん身勝手な主張と言わざるを得ない」

「昔ながらの弁護士像を前提にするだけでは展望は開けない。世の中には権利を主張できぬまま福祉や医療サービスの外に置かれ、だまされても警察に相談することすらかなわない、そんな人も少なくない」

「たしかに改革審が想定したほど出番はまだ見えないかもしれない。だが、市民との距離を縮めて真のニーズを掘り起こす努力もそこそこに、縮小安定の世界に逃げ込んでしまっては、法の下でだれもが平等・対等に生きる社会は実現しない」

やはり、どうしても司法審の「予想図」が間違っていたわけではなく、「そこそこ」の努力で逃げようとしている弁護士が悪い、もっと掘り起こせ、という話にしたいようです。冒頭の先日の記事を読んでいれば、佐藤元会長が書いた社説ではないかと思えるほど、ぴったり同じ方向を向いている感じです。

本当にそういう描き方でいいのでしょうか。弁護士を増やす、増やせる前提を考えないで、あるところにはあるから掘ってみろという預け方が、国民のためになるのでしょうか。「そこそこ」という「朝日」は、現状について叫んでいる弁護士の声には耳を傾けていません。「身勝手」のなかにくくっているのでしょう。

結局、「合格者を増やすことが王道」とおっしゃる「法科大学院村」の方々の主張（五月三一日、朝日新聞・朝刊オピニオン面「争論」）通り、合格者は絶対減らさないことで法科大学院は死守するという路線でいくべき、ということです。「朝日」は完全に「村民」ということです。

さて、嫌な感じの話をもう一つ。この社説の見開き向かいのオピニオン面には、「耕論　司法改革　その先は」という、三人の論者の意見を掲載した巨大な企画記事が掲載されています。カットには小泉純一郎首相と佐藤会長（ともに当時）が笑顔で並ぶ姿と、中坊公平・元日弁連会長の演説する姿が象徴的に使われているこの企画は、さながら前記社説の弁護団登場といった趣があるものです。

結局、ここでもポイントは弁護士の増員です。増員慎重論が「改革」の前進に立ちはだかる元凶のような印象を強く与えるものです。

ただ、ここで言いたい嫌な感じというのはそのことではありません。その人選です。「法テラス」スタッフとして三年間「司法過疎地」勤務の経験がある太田晃弘弁護士、ダニエル・フット・東京大学法科大学院教授とともに論者に加わっているのは、宇都宮健児・日弁連会長です。

太田弁護士の「まだまだ必要」論、フット教授の「増員すれば潜在ニーズを掘り起こせる」論に、増員ペースダウンを唱えて当選した宇都宮会長を交えることで一見主張にバランスをとっている体のこの企画には、またまた「朝日」らしいカラクリがあります。

宇都宮会長の記事の見出しは、「弁護士増員　市民の目線で」です。さすがに宇都宮会長は、弁護士の現状について言及されています。ただ、「減らせといっているわけではありません」「(司法審の掲げた）法曹人口五万人は合格者数を現状より相当減らしても達成できる」「裁判の数や企業などで働く弁護士の採用状況を見ながら増やせばいい」「プロセス重視の教育で多様な人材を呼び込むという法科大学院の理念は素晴らしかったが、いまや崩壊の危機です」「弁護士も市民の信頼を得る努力をしなければなりません。東日本大震災の被災地では弁護士が不足している」などなど。

つまり、一部に「改革」に逆行するととられている宇都宮会長に、「私は増員には反対なわけではない」という弁明の機会を与えているような印象のこの記事は、懸念されていた宇都宮会長の路線と司法審路線の距離を、ぐっと縮めるような印象を強く読者に与えます。その狙いは、前記社説で批判された「心得違い」の弁護士たちの主張と一線を画すことにあるのではないか、と思えるのです。

本来、バランスをとるのであれば、なぜここで、「心得違い」とされている「減らせ」あるいは「増やすな」論者の言い分を持ってこないのかということです。またもや、あらかじめ読者に選択肢として提示していないのです。宇都宮会長の主張までが、「朝日」の許容範囲ということでしょうか。

このことに対する評価は、弁護士の中にもさまざまあるとは思います。失望される方もいるかもしれませんが、「増員反対」という点でいえば、これが宇都宮執行部の現実という受け止め方もあり、逆に「朝日」が実態を浮き彫りにしているととられる方もいるかもしれません。もちろん、この記事からの印象が、すべて宇都宮会長の本意かも分かりません。

ただ、見方よっては、司法審「功労者」たちの写真とともに論者を並べたこの企画のなかの宇都宮会長の記事は、「改革」路線の枠組みを崩さないためにも、日弁連をあくまで「司法改革村」に取り込んでいる形を印象付ける、「朝日」一流のやり方にも見えなくないのです。

4 「改革」の反省と「市民目線」という描き方

二〇〇八年に法曹人口増員のペースダウンを打ち上げた日弁連に対して、当時の町村信孝官房長官が「見識を疑う」と批判したことは、ご記憶の方も多いと思います。

「司法制度改革に携わってきた立場をかなぐり捨てて」

まさに、心得違いも甚だしいといわんばかりの言いように、さすがに当時の宮﨑誠・日弁連会長も黙ってはいられなかったのでしょう。記者会見で、官房長官の方が「やや不見識ではないか」と反論したと伝えられています。

町村長官のこの時の切り口は、もちろんおなじみのものです。増員反対は弁護士の自己保身であり、「改革」の修正は挫折であり、旗を振ってきた弁護士会がそれを言い出すのは、保身を「改革」に優先させたのだと。

この時、すかさず町村官房長官の援護射撃を行ったのが、ご存知、朝日新聞でした。「日弁連　司法改革の原点に帰れ」と題する社説を掲載。「見識を疑う」といった長官発言を支持し、政府に増員方針維持を求めるとともに、司法修習生の質の低下や弁護士の就職難の現実をいう日弁連の主張を、法科大学院への支援の必要性や弁護士過疎などを挙げて、ばっさりと切り捨てています。

もっともこの時も、自らの「在るべき論」を成り立たせない現実への「朝日」の突っ込みは実に淡白なもので、弁護士の就職難は、「過労気味の弁護士も少なくない」から、解消のためにも「指導の手間はかかるが、積極的に新人弁護士を迎え入れてほしい」。「官庁や自治体、企業では談合や不祥事が絶えない」から、「職員や社員として弁護士を雇うことを考えては」という調子。「してみれば」でなんとかなる状況と、本気で考えているのか疑いたくなるものでした。

「朝日」の基本的なスタンスは、現在も変わっていません。ただ、その「朝日」が前記企画記事で増員ペースダウンを唱えて当選したと自認する宇都宮健児・日弁連会長の意見を載せたことは、どういう解釈になるのでしょうか。「朝日」が官房長官を援護し、批判した「増員ペースダウン」をいう「見識を疑う」ものの代表として、宇都宮会長がここに登場しているわけではないように思えます。では、「朝日」は宇都宮会長の言のどこに注目したことになっているのでしょう。

「弁護士の増員　市民の目線で」

この見出しがヒントのような気がします。宇都宮会長は意見のなかでこう言っています。

「一連の改革には、『市民とともに変えていく』という視点が欠けていた。私は『市民の目線で第二次司法改革を』と訴えています」

この認識を彼らは「不見識」とはできなかった、ひとつの「見識」として、増員の今後を考える要素として「許可」したということではないでしょうか。「市民」にとって「まだまだ必要」と描き続ける以上、増員を止めることもまた、「不見識」と扱える保証をもって。

ただ、問題はここからです。それは、第一次司法改革の評価にかかわることです。一貫して、「改革」に関する主張を変えていない「朝日」は、本当に第一次を「市民目線」に欠けていた

「改革」と位置付けているのでしょうか。

「民主的法律家は司法制度改革において『だまされた』」

米倉勉弁護士が、かつてこんな分析を行っていました（「自由法曹団通信」一二七九号）。司法の民主化と「上からの司法改革」。財界と保守勢力からの「改革」要求と見抜きながらも、少しでも改革の必要性はないかと、財界の要求する「改革」に積極的に関与・協力しながら、国民のため改革たる実を得ようとする闘いに打って出たのではなかったのかと。

しかし、米倉弁護士は、この闘いは「決着した」と見ました。その象徴は、裁判員制度の登場なのだとしています。

「新自由主義政策を貫徹しつつ、支配を維持するために刑罰の強化を確保するための」同制度登場は、決定的にそのことを意味するというのです。相手側の「意図が貫徹された」――。

「『賛成した者の責任』はだまされた者の責任と承知すべき」であり、その責任の取り方は、「改革」が持つ危険性・本質的な反国民性を社会に訴え、当時の認識としては裁判員制度の見直し・延期をすることであり、このままの事態を許せば、「だまされた者」にとどまらず、「だました者」つまり共犯者の責任を免れない、というのが米倉弁護士の結論でした。

宇都宮会長が提示する、「市民目線」による第一次改革の修正。一貫して「改革」を肯定的に評価し、弁護士の現状に耳をかさない論評を続けている「朝日」が取り上げた「市民目線」の第二次改革の描き方は、いうまでもなく、米倉弁護士が言ったような第一次への厳しい認識を前提とするものではありません。

弁護士会内の「改革」指導者であった中坊公平・元日弁連会長もはっきりと認識していた「上からの改革」の実態と、それへの期待感。ここに決定的な反省を伴った認識を共有しないまま、基本的に司法審路線が延長されるなかで、弁護士はまた「だまされる」側にまわる危険はないのだろうか——こんな不安がよぎります。

宇都宮会長は記事の中で、「弱者の気持ちを理解できる法曹が少なくなってしまったら、司法の自滅」と言っています。「朝日」も強調している、生き続ける司法審路線の向こうに「司法の自滅」の危険はないのでしょうか。

5 「法の支配」というイメージ

主に法律家の間で使われる言葉で、「法の支配」というものがあります。一般の人になじみがある言葉とはいえません。法律の世界を知らない人に聞くと、「支配」という言葉に、なにか強権的なものをイメージし、法でがんじがらめにされるような社会を連想してしまうようです。

しかし、本来の意味は逆といっていいでしょう。つまり、法でがんじがらめにされるのは、権力の方ということです。

「『法の支配』を社会の隅々にまで行きわたらせる」司法改革論議のなかで、推進論者側からこうした言い方をよく聞いてきました。ただ、この表現を聞くたびに、少々違和感を覚えてきました。

文脈から、どういう意味につなげたいのかは分かります。法によらない社会をやめること、つまり裁判所や法曹の役割を強調している格好になります。だけども、「法の支配」という表現がここで使われるのが、果たして本当に適切なのか、とりわけ国家が主導する、「上からの改革」である司法改革の論議で使われるべき言葉なのだろうか、という疑問です。

実は以前にも少し紹介しました武本夕香子弁護士の論文が、この疑問をストレートに提示しています（『法と民主主義』二〇〇九年一月号「法曹人口問題についての一考察」）。

もともと「為政者の恣意的な意思に基づかない法律による支配」を意味し、法律で国家権力を縛るところに眼目がおかれたこの言葉が、「『私人間の紛争について、できる限り法律（裁判所）で解決しましょう』という誤用ともいえる拡大解釈的意味で用いられている」と指摘。そしてこれは法曹人口を激増させるためのイメージ戦略で、故意に本来的意味が変容されているのだ、と喝破しています。

この論文の中で武本弁護士は、法曹人口増員必要論の論拠を一つひとつ崩し、結論として、弁護士は過剰な増員による質の側面に鈍感であってはならないことや、質を保ち、「イソ弁」制度が機能し得る年一〇〇〇人程度の合格者数に抑えるべきことを唱えています。特に目を引いたのは、先の「法の支配」論への疑問の中で書かれた、「改革」反対派からもあまり聞かれない次の切り口です。

「弁護士が社会の隅々まで行き渡れば、社会がよくなるという議論は、あたかも社会一般の人達が弁護士よりも一歩劣ることを前提とした議論であり、一般人を馬鹿にした議論である」

おそらく、この一文に反発する弁護士も多いでしょう。だけども、大衆は武本弁護士のいうことに、果たして異を唱えるでしょうか。なぜかといえば、「社会がよくなる」ためや、私人間の紛争解決に、弁護士や「法の支配」が今より登場する社会を大衆が本当に求めてきたのか、疑問に思うからです。

「一般人を馬鹿にした議論」といえば、度々引用している「二割司法」の中にも、また司法制度改革審議会がいった「統治客体意識」の中にもあります。

「二割司法」で語られているような、大衆が泣き寝入りしている現実が存在し、その解消への極端な「司法拡大策」を大衆が求めてきたという前提が存在していたのか。「お任せ司法」という現状が存在し、それは納税者であるはずの国民の意識に責任があり、直接司法に参加してもらう手法だけが「お任せ」解消策なのだという理屈を、国民は本当に理解しているのか——どうしても、こんな疑問を持ってしまうのです。

本来の「法の支配」の意味とは逆の、むしろ大衆がこの言葉からイメージしてしまうようなものに近い「支配」が、実は進行しているのではないか、と思ってしまいます。

6　正しかった専門家たちの「つぶやき」

二〇〇一年六月の司法制度改革審議会の最終意見書が発表された後に自分が書いたものを読み返していると、こんな記述が出てきます。

「法曹界のあちこちで、つぶやきとも、ひそひそ話ともいうものを聞くことが多くなった」

つぶやきの中身は、例えばこんなものです。

「法科大学院構想というが、本当は法曹養成には司法研修所の方がいいと思う」

「裁判員制度の被告人に選択権を与えないのはいかがなものか」

「年間合格者三〇〇〇人なんて、弁護士はやっていけるのか」

遠慮がちにこう語っていたのは、もちろん彼らが法曹界のなかで、司法審が発表した「改革」路線に対し反対もしくは慎重という立場を鮮明にしている人たちではないからです。だから、こうした内容を小声で切り出す前には、必ず次のような前置きが付いていました。

「司法審が方向を打ち出していることなので、あくまで個人的な見解ですが」

当時、確かにこうしたムードがあったことは覚えています。在朝・在野を問わず、こんな本音をまるで陰口のように語る法曹人たちがいました。

なぜといえば、司法審なる存在が、「国民」の声を反映した結論を出しているということになっていたからです。司法審路線の改革の方向に従わないことは、その「国民」の声を軽視することとなり、あるいは「改革」への抵抗勢力、法曹の自己保身のごときレッテルを張られかねないという認識が少なからず反映していたのです。

もちろん、こうした流れに抗してまで反旗を掲げる意味を見出していないからこそ、堂々と反対派としては主張しない方もいれば、つぶやきさえも控え、本音は心に押しとどめ、賛成の旗を振ってきたご仁もいらっしゃるとは思います。

反対派の裁判官・検察官ＯＢの中には、こうした事情をよく分かっている方もいらっしゃいました。

だけど、このつぶやきに関していえば、当時そうした言葉を聞くたびに、そこに本来司法の担い手として持っている「こだわり」を見る思いもしました。

未知の部分をはらみながら構想が独り歩きしている法科大学院に対して、法曹養成制度の実績として、これまでの司法研修所の教育は正当に評価されているだろうかという気持ち、試験という「点」から「プロセス」に変わるという触れ込みの新法曹養成は、司法研修所教育の改善という発想の延長線上に出てきたものではないところに、いくつもの遮断された思いがあったと思います。

裁判員制度の選択制についていえば、制度活用の維持のために被告人の権利を犠牲にするところに、法曹として当然の疑義を持っているようにとれました。

制度維持という同じ論理で、新司法試験の予備試験を厳格化し、これまで公平・平等の受験機会を保障してきた司法試験の理念を曲げようとしていたことにも、当時、既に何か割り切れない、転倒した論理をそこに見ていた人は少なくなかったと思います。

しかし、今回の「改革」の主人公は、彼ら法曹三者ではなく「国民」という建前でした。結果、『改革』派にあらずんば人にあらず」、司法審は錦の御旗となり、いくつかの議論が消え、やがてそうした専門家の「こだわり」の声はつぶやきに変わっていったのです。

今思えば、「こだわり」「つぶやき」は正しかった、というべきでしょう。彼らが法曹人として持った疑問は、いずれも彼らが危惧した通り、「改革」の結果にのしかかっている観がありますよ。別の見方をすれば、当時の論議の不完全燃焼がまさに反映していることに気付かされます。

つぶやきといえば、当時はツイッターなんてありませんでした。「推進論」のなかに埋もれることになった法曹のあのひそひそ話も、あるいは今ならば、ネット上の「つぶやき」となって万人の目にとまることになっていたのかもしれません。

その意味でも、やはりネット上に現れる本音や「内部告発」に注目していかなければならないと感じますが、同時に、「改革」論議をめぐる環境も、この一〇年で劇的に変わったということを改めて感じてしまいます。

7 「二割司法」の虚実

時々、この社会にはすごいパワーを持った言葉が登場します。人々の間への浸透力を持ち、印象に残るとともに、時にその人々を突き動かしてしまう言葉です。

みなさんは「二割司法」という言葉を聞いたことがあるでしょうか。この言葉の意味は、「わが国の司法は本来果たすべき機能の二割しか機能していない」ということです。じゃあ、残りの八割はどうなんだということになりますが、この言葉が意味するわが国の実態としては、泣き寝入りとか、政治決着とか、行政指導とか、ゴネ得とか、暴力団による解決とか、いわばよろしくない形になっていることになります。

実はこの言葉は、まさに法曹界ではこの十年、前記のようなパワーを持った言葉として存在してきたのです。なぜかといえば、この言葉が法曹関係者を奮起させることになったからです。二割しか機能していない機能不全をなんとかしなければいけない、もっともっと法律家は頑張らなきゃいけないのだと。

これを聞いた法曹関係者も、大マスコミも、あるいは市民も、そうだそうだという話になりました。

この言葉を提唱したのは、元日本弁護士連合会会長で、「平成の鬼平」としてマスコミの寵児となった中坊公平さんです。司法改革という流れの中で語られた彼のこの言葉は、「改革」のスローガンの一つとなりました。彼が提唱した「改革」路線は、弁護士界のなかで「中坊路線」と呼ばれ、彼は「ミスター司法改革」とまで言われました。

「二割司法」という言葉は、すごいパワーを持って「改革」を先導しました。二割にとどまるのは、それを支える法曹の数の少なさにあるとの考え方からは、年間三〇〇〇人という大量増員路線を生み出しましたし、裁判にかかる時間の短縮といった制度改革や、裁判員制度創設につながる、司法に民意という方向も後押ししました。

弁護士だけでなく、裁判所、検察庁も含むいわゆる「法曹三者」が、それぞれの立場でこの言葉を、制度改革や運用改善への自戒の言葉として受け止めた観があります。

結構、結構ということで、「改革」が進められて、気がつくと大量増員路線がいろいろなひずみを生み出してきました。若手弁護士の就職難、弁護士全体の経済的な沈下、法曹教育の限界と質低下の現実。

じゃあ、「二割司法」とは何だったのかと振り返れば、なんと「二割」の根拠はありませんという話なのです。

二割という機能不全は提唱者のいわば感覚的なものだったのです。むしろ、この国の司法に機能不全があったとしても、八割という評価には問題がありました。まだこの国に膨大な潜在的ニーズがあるということを意味してしまったからです。しかも、司法にお金が流れる、あるいは大量の弁護士を支える有償のニーズと、弁護士がボランティアとしてもやるべき無償のニーズが、今日に至るまで区別されずに語られることになりました。

結果、もっともっと数を増やさなければならない、増やしてもそれを支えてくれるニーズはこの国に沢山あるのだからという、「改革」主導派の意見になっていってしまったのです。

八割という「眠れる大鉱脈」の幻想に弁護士界全体が傾いた結果が、今の大増員を基調とした「改革」の現状です。もちろん弁護士の中には、はじめからこの「改革」路線に疑問符を投げかけていた人々はいたのですが、一貫して旗振りをしている大マスコミの論調の中で、大衆に十分その声が届いたかといえば、それは疑問です。

「二割司法」のすさまじい威力というべきでしょうか。今は法曹界を去った提唱者の中坊公平という人物についての評価は、この世界でもさまざまですが、少なくとも名（迷）コピーライターであったことだけは間違いないようです。

8　両立困難な「価値」の理想と現実

「大衆が求める商品とは」という問いに対して、「より安く、より良い物」という回答は、ごく一般的なものといっていいでしょう。しかし、同時に「安く」て「良い物」は、一般的には両立しにくい価値として、その提供には困難が伴うことを大衆はよく知っています。

だから、あくまでその両立は「理想」であり「目標」であって、それに向かっての努力は求めても、表看板で質は落とされる、「安物買いの銭失い」のリスクは避けたいと考えるのもまた一般的でしょう。

だとすれば、大衆が一番知りたいのは、自分たちに最終的にもたらされるものの真の姿のはずです。ましてそれが生命や財産などに大きなリスクを伴うことならばなおさらのはずです。司法の世界でも、時として相反し両立しにくい価値の「理想」と「目標」が掲げられてきました。

「適正」で「迅速」な裁判。これがどちらも欠くことができないテーマであることは、もはやこの世界では常識のようになっています。「質」を落とすことのない法曹の大幅増員もまた、同時にクリアすべきものとされてきました。

両立が困難な二つの課題をともにクリアするという姿勢は、社会に受け入れられやすいものです。だが、いつも気になるのはそこから先。どこまで現実が語られ伝えられてきたのかということです。

今回の司法改革についても、「法曹の質は絶対に下げられない」というのが、法科大学院・新司法試験下での、裁判所をはじめとする法曹界の「姿勢」としての公式見解でした。大量増員の「質」への影響が当初からの懸念材料であったことは、こうした見解からも明らかでした。

それが二回試験の不合格率上昇といった現実に加え、増員に比例する不祥事弁護士の増加の見方も強まり、「質低下」の懸念が広がると、法曹養成のフィルターが品質を保証する話よりも、いったん社会に放出されたのちに、競争による「淘汰」によっていずれ「質」が確保されるという論調がもっぱら言われるようになっています。

「増えることはよいこと」一辺倒のマスコミ論調のなかにも、一時期、「増やせばいいのか」とする見方が出されたときもありましたが、「増員」を改革の本道として、「なんとかしろ」という基調は変わっていません。

裁判については、「適正」と「迅速」の現実に関する報道はほとんどなく、まして「早ければいいのか」という切り口は全くみられません。そもそも被告人の権利の立場から、「時間をかけるべき裁判には時間をかけるべき」という主張が当然聞こえてきていい弁護士界からも、大きな声として聞こえてこない現実があります。「適正でできる限り迅速」という優先順位であっていいものが逆転している裁判の現実が伝えられながらも、裁判員制度シフトのなかで問題として浮上してこないのです。

問題は大衆にもたらされるもののリスクについて、ちゃんと伝えられているのかという点にあります。

「理想」も「目標」も掲げられていいし、「姿勢」が評価につながることも否定しません。法科大学院も、裁判迅速化も、裁判員制度も、「目標」が維持されていることや「成果」を強調することが「改革」の効果と成功を裏打ちすると、推進する関係者と大マスコミはとらえているかもしれません。

しかし、それよりも大事なのは、本当のリスク、本当の実害が国民にフェアに提示されることです。ニーズというのであれば、それが大前提のニーズというべきです。それが示されてはじめて、国民が本当に求めるもの、選択するものが見えてくるはずだからです。

本当のことを聞かされれば、「そこまで求めていない」という大衆の裁定が下る可能性もあるということです。

福島原発の報道を見て感じます。伝えられないから安心とは限らない、伝えられてもすべてという保証がない――。そうした不安を今、多くの国民が感じ始めていると思います。

しかしこれは、原発という大きな国民の関心事であるがゆえの「不安」ともいえます。そうでなければ、「不安」ということにも気がつかされないまま、「理想」と「現実」のはざまにあるリスクを大衆が負う可能性も考えられるのです。

第5章 訴訟社会は到来するか

1 大量「泣き寝入り社会」という描き方のツケ

「訴訟社会」という言葉が、何事につけても紛争を裁判によって解決する社会を意味するのであるならば、今回の「改革」が目指しているとされる、「法の支配」が社会の隅々にいきわたり、そこに弁護士はじめ法曹が登場する社会は同じ方向を向いています。

それゆえに「改革」を肯定的にみる人を含めて、その意味で区別化を図りたい人は「過剰な訴訟社会」「アメリカのような訴訟社会」といった表現も使います。

実際には「訴訟社会」という用語自体はネガティブに使われ、「過剰な」「アメリカのような」という意味を包含している場合がほとんどなのですが、そうした表現はあたかも必要とされる「訴訟社会」が存在するようなニュアンスを含みます。

同時に、米国にある懲罰的賠償などの制度や、訴訟沙汰に対する国民性の違いを理由に、日本は米国のような訴訟社会にはならない、ということも言われます。

ただ、「改革」と絡んで、必要とされる「訴訟社会」の前提として何が描かれているかを考えれば、それは「二割司法」という言葉が象徴するような大量な泣き寝入りや不正解決です。日本では過剰に司法に頼るどころか、頼らなさすぎる現状があるということです。

本来は弁護士に相談し、場合によっては裁判に持ち込むことが望ましいことが沢山あるのに、その環境が整っておらず、市民自身も覚醒していないために、泣き寝入りや不正解決がこの国にははびこっている。だから、「訴訟社会」化は、この国にとってむしろ望ましく、ちょっとやそっとでは「過剰に」なることも、「アメリカのよう」になることも心配する必要はない、という描き方になります。

さて、ここで問題があります。ここで前提としている大量の泣き寝入りや不正解決がこの国に存在しているという見方が正しくなかった場合はどうなるのでしょうか。もちろん、そうしたケースはないわけではないでしょう。ただ、それが存在することを前提に、大量に弁護士を増やし、結果としてなかった場合どうなるのでしょうか。

当然、大量の弁護士は生き残りをかけてニーズを探ることになると思います。彼らはもちろんあくまで「潜在的ニーズ」といい、本来ある「泣き寝入り」や「不正解決」事案の「掘り起こし」というでしょうが、そこは「焚きつけ」と区別がつかない、少なくとも本来的に大衆が期待していない領域について喚起することを妨げることはできません。

それが、この社会に何を生むのか。今、懸念されはじめているのは、「クレーマー化」です。

「モンスター・ペアレント」に代表されるような、言い掛かりを含め、社会のなかに存在する「不当」な要求を、裁判や法的手続きにのせられるという欲求を覚醒・喚起させる恐れです。

現にそこに介入する弁護士が登場し始めています。同業者も信じられない主張を掲げてくる彼らは、もはやカネのためだけに依頼者の気持ちをつないでいる、「法律家」のなれの果ての姿と言わざるを得ません。

「訴訟社会」とは、自己責任が徹底化されると同時に、むしろ法的手段や弁護士の介入がなければ、紛争が解決しにくくなる社会でもあります。弁護士の紛争喚起と「質」の悪い弁護士の介入が、それを支えます。勝手に「泣き寝入り」社会を描き、勝手にそれを前提として弁護士の数を増やした結果生まれた「クレーマー社会」のツケだけが、大衆に回って来る。

そんなものを求めた覚えはないということだけは、国民ははっきりさせておかなければなりません。

2 「訴訟社会」を支える弁護士の本当の姿

米国で長く仕事をしてきた日本人の友人と話をしていて、たまたま日本の弁護士の激増、そしてそれを「競争」や「淘汰」によって肯定する意見があることに話が及ぶと、彼は驚いてこう言いました。

「いや、弁護士に競争させるなんて絶対やめた方がいい」

彼がそう言ったのは、もちろん米国の弁護士の姿を見てきたからでした。同国で民事裁判の当事者としてかかわった経験を持つ彼は、その相手方弁護士を含め、米国弁護士のすさまじいカネ取り主義の主張とその姿勢を見てきたのです。そして、自らの依頼者を「カネが取れる」存在と見て訴訟を焚きつけているその姿は、数が多く、余裕がない米国の弁護士が生み出した激しい「競争」の結果と見ているのでした。

彼はこう付け加えました。

「弁護士という仕事にはある程度の余裕が必要だよ。余裕があればこそ、カネ取り主義にならず、また、カネにならない仕事にも目を向けられるのさ」

日本でも、さかんに「訴訟社会」という言葉が使われるようになりました。弁護士の増員で、日本が米国のような訴訟社会になるのでないかといわれる半面、米国にある懲罰的賠償などの制度や、訴訟沙汰に対する国民性などでの両国の違いを挙げて、直ちに日本は米国のような訴訟社会にはならない、ということもいわれています。

一つ見落とせないことがあります。友人の指摘でも分かるように、米国の「訴訟社会」を生み出し、それを支えているものとして、前記したような「競争」にさらされている弁護士の存在があることです。

以前に、米国では弁護士がアメリカンジョークの格好のターゲットになっており、そこから見えてくる「カネに汚い」ととられている同国の弁護士像について書きましたが、そうした現実について、米国特許弁護士の服部健一氏は、著書『くたばれアメリカ弁護士』の中で書いています。

服部氏は、米国で弁護士をこきおろすジョークが広がる背景には、一つには富や権力の象徴としての彼らに対する妬み、もう一つは増員による質の低下への批判があるとしています。訴訟の高度化・複雑化によって、弁護士たちは法廷戦術でテクニックに走り、その度を越した姿に大衆は眉をしかめている。弁護士の増加によって、質が悪くあこぎな輩も増え、こうした弁護士にはカネのためには何でもするという「ハイエナ」のイメージがダブるのだと。

そして、彼は「ロイヤー・ビジネス」という章で、こういう表現をしています。

「優秀な弁護士は重大な事件のみを引き受けるのではなくて、事件をいかに重大にできるかどうかで受けるのだ」

「訴訟社会」とは、何かにつけ訴訟に持ち込まれる社会をイメージしますが、その実態は、紛争が焚きつけられる社会。そこに生き残りをかけた弁護士が深くかかわる社会のように思えます。

友人が見てきたものは、訴訟でのモンスターのような相手側の主張が、とりもなおさず、モンスター弁護士によって焚きつけられたものととれたということです。

わが国の弁護士増員について、推進派の経済界、マスコミ、法曹関係者らは、依然として、

「競争」と「淘汰」によって良質な弁護士が残る図を描いています。この予想図のなかでは、その間に犠牲になる大衆のことは全く描き込まれていませんが、そもそも「良質な弁護士」が残るという想定そのものに疑問があります。

「競争」のなかで、ニーズの掘り起こしが焚きつけにならないという保証もなければ、それが当たり前に行われる社会では、もはやその区別もつかないかもしれません。経済的に余裕のない弁護士は、より経済的に効率のいい仕事を選び、というか選ばざるを得なくなり、その果てにこの国に残る弁護士が、大衆にとって「良質な弁護士」であるという見立ては、どう考えても楽観的に過ぎるように思います。

もっとも今、日本の大衆が弁護士の増員によって、いわれるような健全な競争と、その結果としての「良質な」サービスの提供が待っていると本当に信じているかといえば、それもまた疑問です。むしろ、生き残りをかけた「競争」は、米国同様カネのためなら何でもする弁護士の跋扈を生むことを当然のように懸念しているように思えます。

この国に米国のような「訴訟社会」は生まれないとしても、少なくとも弁護士については、推進派の描くきれいな絵ではなく、大衆の悪い予感の方が的中することになるように思えてなりません。

3 「訴訟社会」と同じ顔の未来

「訴訟社会」というネガティブなイメージが、現在の弁護士の増員政策の向こうに描かれるとき、必ずこの政策を擁護しようとする方面からは、「日本は訴訟社会にはならない」という見通しが示されます。「訴訟社会」として批判される米国を引き合いに出し、制度や国民性の両国の違いを理由に、直ちに日本は米国のような訴訟社会にはならないというわけです。

「直ちに」とかをつけてしまうと某官房長官の会見を連想してしまいますが、その論法でもおなじみの反対解釈をすれば、「直ちに」でなければあり得ることになってしまいます。

ここで素朴な疑問を持ってしまいます。

度々引用しています司法改革の「バイブル」、司法制度改革審議会の最終意見書には、「改革」が目指す先について触れた、こんなくだりがあります。

「法の精神、法の支配がこの国の血となり肉となる、すなわち、『この国』がよって立つべき、自由と公正を核とする法（秩序）が、あまねく国家、社会に浸透し、国民の日常生活において息づくようになる」

「国民の間で起きる様々な紛争が公正かつ透明な法的ルールの下で適正かつ迅速に解決される仕組みが整備されなければならない」

「法の支配」の名のもとに、社会のすみずみにまでそれがいきわたる社会とは、そこに弁護士をはじめ法曹が登場することが予定されている社会。紛争の解決を彼らの手にできるだけゆだねる社会です。それは、何事も訴訟をはじめ法的な解決の場に引き出そうとする「訴訟社会」と、実は同じ顔をしているのではないのか、少なくともその方向を向くことが望ましいと考えているのが「改革」の思想ではないのか、と思えてくるのです。

そういった疑念を抱いて「改革」推進者の本音を過去の発言から見ていたところ、こんなものを見つけました。

「弁護士が増えると訴訟社会になるという人がいる。訴訟社会でよいではないか」(「国民のために働く弁護士は足りているか」櫻井光政弁護士・『青年法律家』二〇〇八年五月二五日付け四四四七号)。

櫻井弁護士は、わが国では紛争を訴訟で解決するのが望ましい場合がむしろ多いとして、その一例として、速やかに話し合いがつかない離婚などは、「直ちに弁護士に委ねて解決するべきだ。そうしないから一族郎党を巻き込んでの不愉快な争いになる」としています。

彼は、ここでこんな想定もしています。

「年間二五万五〇〇〇組（厚労省・平成一九年推計値）の離婚の半数に弁護士が双方関与すると、二五万五〇〇〇人の弁護士の仕事になる。これだけでも大変なニーズだ。相続や交通事故の損害賠償請求なども、弁護士が関わることにより、ずっとよい解決が得られるはずだ。いずれも弁護士が関与した方が迅速且つ適切に解決が得られる分野だ」

つまり、こういう形で「訴訟社会」になることは、国民のためになるではないかというわけです。同時に、弁護士の仕事も創出されるという見通しです。ただこのきれいな絵は、負の意味での「訴訟社会」、わが国には来ないと強弁されるそれと、見分けがつきません。

大事なことは、こういう解決の仕方を本当にわが国の国民が求めているのか、ということです。何事にも弁護士が乗り出してくる社会を国民が求めているのか、それこそ司法審の描く図の真実の姿を国民に示したとき、それが支持されるのかには疑問があります。本当に、泣き寝入りや不正・不当な解決に代わって、訴訟が望ましい、弁護士が乗り出すことが求められているケースというのが、どのくらいの弁護士の数を必要としているのかも定かではありません。

しかも、これからさらに競争の度合いが増すとされている弁護士の、いわば「稼ぎどころ」がその中に描き込まれているとすれば、その先に何が待っているのか、容易に想像できるはずです。

であればこそ、「米国のような訴訟社会」というイメージは、この「改革」がもたらすものとして、どうしても回避しなければならないことも分かります。その否定しきれない現実を踏まえたうえで、あえて「結構じゃないか」と言って見せたのが、櫻井弁護士の言ではないでしょうか。

弁護士の潜在的なニーズを掘り起こせ、といわれています。ただ、競争の中で始まる「掘り起こし」と「焚きつけ」は、大衆には区別がつかなくなってくる危険があります。同様に、「改革」が目指す社会と、国民の求めていない「訴訟社会」の区別がつかなくなるおそれがあるのです。

第6章　給費制をめぐる攻防

1　給費制「フォーラム」の戦況と戦術

司法修習生の「給費制」廃止問題の議論には、本来、大きく二つの切り口があるように思います。一つは実害の問題。法曹の卵たちが経済的にやっていけるかどうかで、二〇一〇年に弁護士会側の主張で注目された「お金持ちしかなれない」といった人材の偏りや機会保障、さらには志望者の減少を、「給費制」がなくなることの負の影響としてとらえるものです。

もう一つは、そもそも弁護士になる司法修習生を国費で養成することの妥当性、あるいは養成してきたことの意味という観点です。

既にその内容が報道で流れ、弁護士の中には「給費制」維持を主張する日弁連側の「ミッドウェー海戦並みの大敗北」（「福岡若手弁護士のblog」）とまでいわれている二〇一一年七月一三日に開かれた政府「法曹の養成に関するフォーラム」第三回会議の議事録を改めてみれば、その表現もまた言い得て妙の感があります。

およそ印象としては、弁護士委員と日弁連側オブザーバーが撃ち尽くした全弾を、ことごとく他の委員に跳ね返されているといったものです。その戦況を良くみれば、前者の切り口に突っ込んでいったことで、主張の根拠をさらに失ってしまったように見えます。

前者の切り口で突っ込んでいった日弁連につきつけられたのは、弁護士がそれなりに稼げているという統計、奨学金利用者が法科大学院生全体の半数という現実、したがって経済的にやれる人間にまで一律支給する不合理性でした。貸与制が経済的な問題をカバーし得るとなれば、人材の偏りや機会保障の話は根拠性を失います。

さらに、志望者減少は、基本的には合格率の問題として打ち返されています。やや防戦にまわる弁護士側は、合格率と活動分野の不拡大を併せた経済的負担の複合的根拠説を持ち出して反撃していますが、既に「貸与制」で対応し得る現状という描き方の前には、それが有効なものにはなっていないようでした。

とりわけ日弁連側の主張で印象に残ったのは、司法制度改革審議会が提示した修了者の七、八割合格や合格三〇〇〇人という目標と絡めた論法を展開したことです。日弁連側オブザーバーはこう主張しました。

「新たな法曹養成制度では、司法試験に七〇〜八〇%が合格することが期待されたり、いろいろと法曹に対するニーズが広がったりするということが期待されておりました。そして、貸与制が平成一六年にいったん導入されました。これは、期待された司法改革、そのための新たな法曹養成制度が、順回転といいましょうか、うまくいった場合を前提にしていました。年間三〇〇〇人ぐらいの司法試験合格者が出てくれれば、予算的にも大変であろう。弁護士になれば収入はあるだろう。主にそのような理由から貸与制導入が決まったと理解しております」

このあと弁護士委員も発言のなかで同様の主張をしますが、大学関係者の委員から、当時の議論として貸与制への切り替えは、法曹養成全体の改革の経費の問題からくるもので、合格三〇〇〇人とは連動しない、と打ち返されています。弁護士委員は「貸与制と三〇〇〇人を絡めるつもりがない」と反論しますが、前記の言葉通りとれば、明らかに三〇〇〇人未達成が、貸与制移行の前提を失ったといっているようにとれます。

日弁連側はなぜ、ここでこんな主張を展開したのでしょうか。司法審路線に忠実である日弁連は、二〇一〇年の合格三〇〇〇人と七、八割合格の達成を信じ、そのころには「弁護士になれば収入はあるだろう」という見通しで貸与制が決まったと信じてきたのだ、ということを言いたかったのでしょうか。それとも三〇〇〇人未達成という現実が、特別な説得力を持つという読みでしょうか。

日弁連がどれだけ夢を見ていたのかもさることながら、この主張は三〇〇〇人を達成し、司法審路線が目標に到達していたならば、「給費制」は当然、返上する意味合いのものだということを決定的に示しているように思います。

つまり、冒頭の二つの切り口に返れば、一つ目の切り口に総力戦を挑んだ結果、議論の俎上から二つ目の切り口を除外した、あるいは除外された形になったのではないかと思えます。弁護士側からすれば、現実的な経済問題を主張するなかでも、本来的に「給費制」がとられてきた意義をかっちり踏まえていくべきたったのではないかということです。「やれるなら」いつでも返上ととられかねない姿勢は、根本的なこの制度主張の立脚点を弱め、必ずしも現状を反映していないともとれる統計的数値を突きつけられることで、瓦解しかねない戦陣を組むことにつながったのではないか、ととれるのです。

もっとも、この「フォーラム」委員の陣容を見た弁護士のなかには、こうした戦いになることを予想していた人もいました。あくまで戦術的な問題ではないという弁護士の方もいると思います。それでも、今回の弁護士側の戦術に対する評価はかなり分かれると思います。

しかし、「給費制」維持を求める弁護士側は、まだあきらめていません。経済的な負担を柱とするいくつかの主張が、ことごとくフォーラム委員から跳ね返され、貸与制移行を前提とする議論の方向が示されたことで、既に虎の子の空母を失ったかのような敗北感も持つ弁護士もいるようですが、「それでも給費制は必要」と最後まで戦う姿勢の弁護士たちがまだ沢山います。

長くこの国でとられてきた「給費制」とは何だったのか、永久にこれが消えてしまう前に、そのことを国民に提示する戦いをしてもらいたいと思います。

2　何が「給費制」を消すのか

「給費制」をなくすという選択は、経済的事情によるものか、それとも理念によるものなのか。ここは、はっきりさせておかねばなりません。つまり、経済的な環境が整っていたとすれば、この制度はこれまで通り続けられていた制度なのか、それとも、そもそも支給するという理念自体に無理があるという結論に達したのか。

前者であれば、豊かな時代ならば、あるいは問題にされることもなかったとか、改革の在り方次第では違った結論になったはず、さらには、いずれ環境が整えば復活ということまでいわれてもおかしくはありません。

後者であるならば、当然、これまでの政策そのものが間違っていたということにもなり得ますから、「反省」もしくは「責任」までいわれるかもしれない。もし、時代の流れとともに、かつて存在していた制度の使命そのものがなくなったとか、理念自体を成り立たせる事情が変わったというとらえ方だとすれば、そこは明確にされていいはずです。

これらは、仕分けされた事業をみる場合でも、共通のポイントだと思います。議論のなかで、経済的な観点での問題が注目されながら、一度消えてしまったら「復活」はないと、おそらく多くの弁護士が思っている「給費制」はどうみるべきなのでしょうか。「貸与制」でできるならいいじゃないかといくらいっても、あくまで負担ですから。

二〇一一年八月四日の「法曹の養成に関するフォーラム」第四回会議に提出された、これまでの議論を踏まえた「論点整理」のたたき台には、貸与制移行の趣旨を次のようにまとめたところがあります。

「①新たな財政負担を伴う司法制度改革の諸施策を進める上での合理的な国民負担（財政負担）を図る必要、②給費制創設当初と比較して司法修習生が大幅に増加、新たな法曹養成制度の整備に当たり司法修習生の増加に実効的に対応できる制度とする必要、③公務員ではなく公務にも従事しない者に国が給与を支給するのは異例、等の点」。

①は司法制度改革、つまりは法曹養成制度全般の諸施策を考えた時、国民の理解が得られる形での負担を考えねばならなくなっている、という前提に立っているように読めます。事情変更とも、「国民の理解」という点で理念的に「給費制」が弱いととらえたととれます。

②は、事情変更の説明に当たります。ただ、司法修習の増員と新法曹養成制度の登場が、理念を維持できない理由ととれます。その意味では、この前提が違った場合にどうなっていたのか、という話になります。第三回会議では、「給費制が導入された戦後直後は、一期当たりの修習生は二〇〇人台〜三〇〇人台にすぎず、国民の理解も得やすかったと思われますが、……司法試験合格者が増加しており、現在では二〇〇〇人を超えている」という発言が政府側からなされていますから、経済的な負担への「国民の理解」をここでも絡めているととれます。

そして、③は完全に理念の否定です。そもそも理論的に無理があるのだと。ここについていえば、過去に制度が維持されてきたこと自体に疑問があったのだといっているようにもとれます。

経済的な事情、今日的な事情変更をいいながらも、本来的な理念への疑問と、過去の理解があったかどうかを問うてないことは別にした、「国民的な理解」の困難さを挙げ、復活の芽はなく、「過去はともかく」消えていただく制度として「給費制」を説明しているように読めます。

さて、こうしたとらえ方について、弁護士会内から聞こえてくる声があります。

一つは、「給費制」は「法科大学院」のために消えていくのではないか、という声です。①②のなかに込められている既定方針、優先方針の中心にあるのは、いうまでもなく法科大学院制度です。「国民の理解」といいますが、実はこの制度を守るために、「給費制」は消されるのではないか、と。志望者にとっておカネのかかる法科大学院というプロセスが、果たして「国民の理解」が得られているのか、さらには、そうした現実が横たわるならば、経済的には本当は法曹の卵たちにとって「給費制」の今日的意味は高まっているはず、という疑問も生みます。

もう一つ。それはあたかも弁護士が既得権益をいうように、この制度の維持を求めているかのような描き方が正しいのか、という声です。

「弁護士にとっては、既得権益保護だけを考えるならば、給費制は廃止されたほうがありがたいです。法科大学院もあったほうがいいです。なぜかといえば、そうすることによって、弁護士という職業に至るためには多額の借金を背負わされることになる（修習時の貸与＋法科大学院の学費）ので、これらが経済的障壁となって、優秀な若者が弁護士を目指さなくなる＝既存の弁護士にとっては楽だからです」（「福岡の家電弁護士　なにわ電気商会」）

増員によって若手弁護士があぶれている状態を実は歓迎している、一部経営弁護士の言葉を耳にします。理由はひとえに、安く使えて交換がきくこと。法科大学院と「給費制」廃止・「貸与制」移行が参入障壁になれば、優秀な人材がやってこない環境を、本音ではそれこそ既得権益としてむしろ有り難いと思う弁護士もいる、ということです。もちろん弁護士会はこんな人ばかりではありません。しかし、既存の同業者も嘆きたくなるような、こうした弁護士が登場し始めているのは事実です。

「給費制」廃止の向こうに広がるこうした光景は、この制度を永久に消し去ろうとしている人たちの「絵」のなかに、意図的かそうでないかは別にして、描き込まれていません。

3　伝えておくべき「給費制」の意義

弁護士・弁護士会は、よくよく「通りの悪さ」抱えることになる存在です。仮に筋が通っている話でも、発言している当事者である彼らの利害を最優先しているように置き換えられてしまう案件を抱えているからです。

大きな論議となっている弁護士の増員に関して、増えることよる「質」の懸念をいう主張はその典型で、「自分たちが潤うために増やしたくないからそんなことをいっているんだろう」といった見方がなされます。

日弁連が制度維持を求めている司法修習生の「給費制」の問題も、まさにそういう「通りの悪い話」にはまってしまった案件でした。昨年、給費制廃止反対を主張し、貸与制移行一年延期をとりあえず勝ち取った形になった弁護士側が主張した「おカネ持ちしかなれない」論、さらには、制度廃止によって借金がかさむと「人権活動ができない」といった言い方に対しては、既に大マスコミの中には完全に利己的主張との位置付けで、社説で「脅しともいえる言葉」などと表現しているものもあります（朝日新聞二〇一〇年一一月一四日「社説」）。

しかし、こうしたとらえ方のなかで、長年、この国で司法修習生が国費で養成されてきた意味、またその効果が、なかなか一般に伝わっていないという印象を持ちます。

給費制の維持を求めて法科大学院生・修了生・司法修習生・若手法律家で作るネットワーク「ビギナーズ・ネット」では二〇一一年七月二六日、この問題が話し合われ、貸与制移行への議論の方向が強まった政府の「法曹の養成に関するフォーラム」第三回会議での議論を憂慮する声明を発表しました。

この中で彼らは、経済的な意味合いとは違うこの制度の意味について訴えています。

「私たちの国は、昭和二二年、終戦の荒廃と貧困のさなかに、復興と人権擁護を希求して、統一修習・給費制を開始しました。裁判官・検察官に加えて弁護士の養成までも、国費で行うこの制度は、弁護士を含めた法曹が国家的に不可欠な人的インフラであることに心を致した叡智です」

「給費で生活を保障しつつ、修習生に厳格な修習専念義務を課して、徹底的にトレーニングをさせ、どの道に進もうと正義と人権の実現を使命とする法曹としてのマインドを醸成し、高度なスキルを身につける役割を果たしてきました。国民の皆さんの税金で育てられたという重みは法曹の心にずしりとのしかかってきたはずです」

「まさに、給費制は法曹のスキルとマインドの制度的保障です」

彼らも触れていますが、給費制廃止には司法修習を個人が法曹資格を取得するものとみる、受益者負担の考え方が反映しています。しかし、給費制の発想は、法曹という存在の受益者を国民とする前提に立っています。その意味で貸与制は、「質的転換」が行われることを意味するというわけです。

「フォーラム」第三回会議では、給費制維持を求める日弁連側の経済的負担の側面の主張はことごとく他の委員から打ち返され、本来的な、この制度が作られ維持されてきたことの意義が、正面から取り上げられていない展開になっています。

もちろん、「ビキナーズ・ネット」のような主張に対しては、あくまで受益者負担の考えや、あるいは果たしてすべて弁護士がその「重みを心にずしりと」受け止めているわけではない、といった反論も出るかもしれません。

しかし、それでもこの「給費制」が、法曹の卵たちが「やっていかれるのなら無用」であったり、さらには、日本の経済状況が豊かであれば消えてもよいような制度ではない、それ以上の意味を持ってきたことは、たとえ見方によっては「通りが悪い」話のようでも、大衆に伝えられるべきだと思います。

4 「修習専念義務」の微妙な取り扱い

二〇一〇年一二月に司法修習を終了した新六三期の就職状況を、ジュリナビが掲載しています。それによると、二〇一一年五月二〇日現在、弁護士登録者は一七三〇人、うち事務所登録者は一六一八人、組織内弁護士は五八人で、残り五四人が事務所に勤務しないでいきなり独立する「即独推定者」だそうです。このほかに、五五人が弁護士未登録者となっています。

この即独推定者と未登録者の数をどうみるかについては、評価が分かれるところだと思います。弁護士の中には、就職難がいわれながらも、最終的にはかなり事務所におさまってきているると、やや楽観的な見方をする人もいます。

ジュリナビの見方も、「ここ二〜三年の状況からは、新人弁護士の就職は、旧司法試験時代のような売り手市場的なマーケットではありませんが、新卒大学生のような悲鳴が上がるほどの就職氷河期とは言えません」としています。

ただその一方で、期待されているほど組織内弁護士数は増えておらず、「注意すべきは、法曹の増員時代に合う新しい法曹の働き方や弁護士事務所の採用方法など、関係者において新しい方向性が見えてこないことです。これでは、早晩、市場が飽和してしまうでしょう」との見通しも示しています。

「即独」が劇的に増えていないことに、救いを見出す方もいらっしゃるようですが、実は、これだけが問題ではありません。とりあえず事務所勤務が決まった弁護士が、どんな状態に置かれているかという問題があります。「売り手市場」ではないこの状況を、安く使えるチャンスとみる事務所もあり、また、過払い問題終息後の状況から、かなり不安定な雇用状況になることを予想する声も聞こえてきます。

そうしたなか、給費制から貸与制に移行されるのであれば、修習専念義務を外すべきという意見が弁護士界内にも出ています。修習専念義務とは、司法修習生はアルバイトなど働くことは禁止、この期間は修習に専念しなさいということです。それを、給与が支払われなくなり、貸与制になったあとも存続させるのは酷ではないかという話です。

給与も出ない、バイトもできず、貸与制でとなると、現実は、お金持ちの家の人間以外は借金ということになります。

そもそも給費制と修習専念義務は一体とする主張があります。従って、給費制をやめる以上専念義務もやめるべき、という考え方です。前記ジュリナビもこの問題ついて言及し、給与の支払いがないのなら拘束すべきではなく、就職先からの経済的サポートを認めるべきだとしています。

一方、最高裁は、これを一体とする見方には立っていないようです。修習専念義務は給費制・貸与制それぞれに検討していく必要があり、そもそも同義務は法曹養成で臨床課程を踏むべきとする考えからくるもので、給費制から同義務が生じてくるわけではない、としています（二〇〇四年二月六日第二一回法曹養成検討会）。

これに対して弁護士のなかには、現状では、司法修習の終了は法曹としての就職を保障するものではなく、単なる資格の付与に過ぎないのが実情で、専念義務によって収入を得ることを制限する見返りが著しく軽いものになってしまっていることを指摘する見方もあります（「白浜の思いつき」）。

ただ、それでは修習専念義務の廃止と引き換えに、給費制廃止を認めてもいいのでしょうか。バイトにあけくれたりすれば、それこそ二回試験（司法修習生考試。研修所の卒業試験）合格レベルにまで達しなくなるという見方もありますが、それよりもなによりも、今度こそ「質」の問題として、市民に実害を及ぼす可能性はないのか、ということです。

修習専念義務廃止は、給費制存続よりも「バイトくらい許してあげればいいじゃない」といった調子で、格段に大衆に受け入れられやすいものをもっているだけに、結局市民に「給費制」廃止のしわ寄せがくる可能性も主張されていいいと思います。

5 「国民の理解」が登場する場面

議論の中で、「国民の理解」という言葉はよく登場します。国民に理解が得られる、もしくは得られないということを前提に議論を進めようとするものです。もちろん、案件にもよりますが、およそ制度の是非などを論じる局面でこの方法がとられることはある意味当然で、むしろそうしたことを度外視した議論が問題とされてもおかしくありません。

ただ、この言葉が出てきた場合、特別な注意を払って主張の内容を聞く必要があると思っています。そのポイントは大きく二つです。

一つは、「国民の理解」が、それを言う当事者側の都合で言われていないかということです。特別に裏付けとなる根拠が示されている場合は、もちろんその評価にかかわりますが、そうでない多くの場合、いわば、国民の意思の忖度が行われていることになります。

およそ、他人の心を推し測る忖度という行為は、自分の都合で他人の心を推し測る場合があります。さも国民が背を向けるように言いたいあまり、また、国民が受けいれてくれるはずと強調したいあまり使われるこの言葉は、ときにこの言葉が補強してくれるほどには「国民」の意思を反映したことにならない可能性があるということです。

もう一つは、なんらかの根拠が示されたり、示されなくてもなるほどと思える実際の国民の反応が予想されたとしても、その反応が正しい現状理解に基づくものかどうかということです。

これは国民自身にではなく、国民がフェアに判断するための情報を提供していないマスコミに原因があります。それは、制度の成立もしくは不成立に不利な情報を提供しない側に、協力している姿勢にとれる場合があるからです。この場合もまた、「国民の理解」そのものが、前提が変わることによって、成立・不成立が逆になる可能性もあるというわけです。

司法改革をめぐる議論でも、「国民の理解」という言葉が度々登場してきたように思います。時に制度推進を後押しするため、時に押しとどめるためにこの言葉が使われ、場合によっては、言われた側ではそれをハードル、課題として受け止めた人もいれば、民意離反を脅威として押し黙った人もいたと思います。

しかし、今改めて考えてみても、前記二つのポイントは本当に十分検討され、それをクリアしたのでしょうか。

最近の「給費制」をめぐる議論でも、この言葉が登場していました。

「司法制度改革後においても司法修習の重要性に変わりはなく、修習制度を国費で運営することや、修習に専念し得る環境を整えることは必要であるが、その方法として給費制を維持することについて国民の理解を得ることはもはや困難である」

「実際、給費制が導入された戦後直後は、一期当たりの修習生は二〇〇人台～三〇〇人台にすぎず、国民の理解も得やすかったと思われますが、……司法試験合格者が増加しており、現在では二〇〇〇人を超えているという状況」（「法曹の養成に関するフォーラム」第三回会議での後藤博・司法法制部長の発言）

「給費制」の意義・影響が伝えられていることを前提としてこの発言を受けとって、本当によいのでしょうか。前段のいくつかの理解されるであろうと忖度している現実と、「給費制」をそこまで完全に切り離せるのか、そこに一つ目のポイントが引っかからないかどうか。まして、数が少なかったころはともかく、二〇〇〇人ともなるとちょっと……と聞こえる話は、多分に言う側の思惑先行のようにとれます。

それをいうならば、とにかく数を増やすことの「理解」、何が何でも法科大学院を維持し、そのために、誰でも何回でもチャレンジできる資格ではなくしている現状への「理解」はどうなのか、ということも言いたくなります。

民主主義社会では、「民意」が錦の御旗となり、時に制度推進をめぐり、議論の過程ではその争奪戦のような様相を呈することがあります。そうであればこそ、「やらせメール」のような「民意」の偽装が行われることになるのです。そして、「国民の理解」という言葉もまた、場合によっては「民意」偽装と同じ顔を持っているかもしれない、ということになります。よくよく注意してかからなくてはいけません。

6 「失策」という認識からのスタート

昨年の給費制廃止・貸与制移行の急ブレーキは、どうも「ルール違反」だったという後ろめたさが、日弁連の関係者にもあるようです。

五月に開かれた「法曹の養成に関するフォーラム」第一回の会議は、この問題に関して、日弁連側オブザーバーのお詫びの言葉から始まり、財務副大臣の「本当にあの時は迷惑したよ」といった調子の発言までありました。

この間の事情が分からない出席者に対し、別の方が、六年前に給費制を五年後になくすということが法律で決まり、昨年秋貸与制に変わるはずだったのに、日弁連の維持しろという運動で、予算措置する間もなく一気に国会で延期が決まり、議論もないまま採決したような状態なのだ――といった説明もありました。

ここでの日弁連の詫びは、あくまでこうした昨年の「ルール違反」への後ろめたさからくる「大人の対応」に見えますが、本当に反省するならば、そこではないように思います。むしろ、この方針を事実上、いったんは受け入れたことの方なのではないでしょうか。

「それが誤りというのであれば、当時の日弁連の執行部は、誤りを認め明確に謝罪すべきでしょう」(東弁)

「司法ウオッチ」の「司法ご意見板」には、こんな書き込みがありました。

当時は、司法改革前の恵まれた弁護士を見て、弁護士は当然に儲かるという先入観があり、そのため法曹志望者に負担のかかる法曹養成制度ができた、つまり、弁護士になれば、月々数万円程度の返済は苦にならないはずだということだったのが、司法改革そのものが就職難や即独、ノキ弁といった、収入の著しく低い若手弁護士を産み、さらに増殖されることが明確になり、貸与制の負担が無視できなくなった——これが、この投稿者の給費制問題再燃理由の分析です。

完全な読みの誤りが、結局、今回の緊急避難的な廃止延期になったというわけです。だとすれば、根本にすえられなければならないのは、「改革」における方策そのものへの反省のはずです。

だけども、日弁連執行部から、そういうスタンスの意見は聞こえてきません。日弁連の場合、どうも二年ごとに会長が変わり仕切り直されることで、「前執行部の方針は前執行部の方針」というとらえ方がなされます。しかし、業務の継続性はいうまでもなく、対外的にはとても通用しないとらえ方のように思います。

旧主流派を破り当選した宇都宮現会長が、正面からこれまでの執行部になり替わり、その失策を詫びる図があってても本当はおかしくありません。そのことは、対外的にも、また会員の受け止め方としても、それなりに説得力を持って伝わるようにも思えるのです。もちろん、それをしない現職の方が、内心そこまで旧執行部の方針に批判的でないからか、自分には関係ないとみているからか、はたまた「大人の事情」からなのかは、外からは分からないという話になりますが。

さて、前記投稿者は、説得力という意味ではさらに決定的なことを指摘しています。本当に問題があるのは、法科大学院制度と無責任な潜在的需要論であるということです。

「これに触れずに給費制の維持を主張したところで、大方の支持を得ることは困難でしょう（私の周りの弁護士も醒めた見方をしています）。厳しい言い方かもしれませんが、むしろ、給費制の維持『のみ』の主張が、法科大学院と無責任な潜在的需要論の破綻をごまかし、法曹養成に関する司法改革の失敗から目を反らすために主張されていると受け取られても仕方がないと思います」

日弁連の姿勢として、なぜこういうことになっているかを考えれば、やはり、ここにはより大きな「反省」の必要があるからとみることができます。その根底にある「反省」から逃れる発想が、結局、この方策にしがみつかせている感も否定できません。

「改革」に対する、しっかりした「失敗」と「反省」の立場に立てるか立てないか、その度合いが今後の司法の運命を左右するといっても過言ではありません。

7　「弁護士量産制度」の割り切られる結末

合格者の人数は増やす、法科大学院制度も導入する、ただし、「質」は絶対に落とせない——というのが、かつて取材した最高裁側の言い分でした。

レベルを下げずに合格者を増やすということは、受験者のレベルを格段に上げるしかない。合格者を何倍にも増やす以上、それだけ門が開かれ簡単になる。すると、合格基準を下げてこれまで合格できなかったレベルの人が合格できる形を連想しますが、そういうことではないということになります。

もっとも最終的な法曹の「質」という意味であれば、合格させて、司法研修所で高度の教育を行うことで高い質の法曹を輩出すればいいという見方もありますが、それではそもそも何のための「プロセス」の教育として導入された法科大学院かということになりますから、それはあり得ない話になります。

つまり、司法研修所にくる手前のレベルが極端に下がること、さらに下がったレベルの法曹の卵が社会に放出されることには、この新しい制度に賛成し協力する前提として、認められないという見解でした。

ところが、現実はそうではない話になっています。

とにかく合格させて、その結果増えることになる弁護士は競争による「淘汰」で質を良化させればいいという意見が経済界方面からいわれるだけではなく、合格者をとにかく減らしてくれるなとする法科大学院関係者からも、これに沿った意見が出されています。合格者を増やすと、当然法曹の平均的な質は低下するが、それで誰が困るんだ、入り口で絞らないでチャンスは与え、後は自由競争に任せればいいんだ、という発言が新聞に出されています。

この根本的な認識の相違を、この制度は引きずっているのではないかと思う時があります。法科大学院関係者が合格率の問題に関連して、合格レベルについての不満ともとれる声を聞くたびにそう思えます。

弁護士の最近のブログでも、今回の「給費制」問題に絡んで、こんな発言がなされているのを見つけました。

「現在の法科大学院制度は、少数のエリートを育て上げようとしていた、かつての理念とは明らかに異なり、そこそこの弁護士を量産しようとする制度です。そこそこの弁護士を育てるのに、そんなにお金をかけてはいけません。そこそこのお金をかけるべきです。そこそこの弁護士に依頼して損をしたら、そのリスクは依頼者が負担すべきであるというのが現在の制度であり、その制度を国民は選んだのです」

「だから、給費制の廃止は、法科大学院制度の下では、私には当然の結末に写ります」（「大阪発↓弁護士Kのブログ」）

「そこそこの弁護士を量産しようとする制度」という認識。これが、法科大学院制度をこれからも維持し、「給費制」を廃止していく形の基本としなければならないということ、逆に言えば、基本にするからこそ法科大学院は維持でき、「給費制」は廃止されていくということではないでしょうか。

しかし問題は、実は法曹界全体も、社会も、この認識を共有していないのではないかと思えるところです。特に見落とせないのは、このブログ氏が指摘しているように、「そこそこの弁護士を量産しようとする制度」がもたらすのは、「弁護士に依頼して損をしたら、そのリスクは依頼者が負担する」という形です。そもそも「そこそこ」で済むかも疑問ですし、その保証はない話です。

これは、いつ依頼者である国民が求めた形なのでしょうか。これまでの形に仮にリスクがあったとしても、より明確にリスクを生む可能性のある形を、国民が求めているとはとても思えません。

メリットばかりを強調し、その前提として、これまでより国民の自己責任が問われる形をこっそりと入れている今回の「改革」の素顔を、ここにも見る思いがするのです。

8　法曹養成論議の気になるシーン

「法曹の養成に関するフォーラム」第四回会議の議事録を見ると、日弁連・弁護士側が、委員である井上正仁・東京大学大学院法学政治研究科教授からまるで言質をとるように詰め寄られるシーンが二カ所登場します。

一つ目は、オブザーバーの川上明彦・日本弁護士連合会法曹養成検討会議委員が、フォーラム事務局が実施した奨学金調査では過半数の回答者が奨学金を受給していないとの結果に対して、「これは法科大学院の高額な学費と生活費を奨学金なしで賄える階層が新法曹の過半数に達しているということを意味し」、「既に経済的に貧しい階層は、法律家になれないという懸念が現実のものとなりつつある」という認識を示したのに対するものです。井上委員はその根拠について詰め寄ります。

「一定以上の資力のある人しか法科大学院に来れていないと言われたと伺ったのですけれども、どうも私どもが日々学生と接触していて受ける感じとはかなりかけ離れているものですから」

「申し上げたような事態が現実だと理解」していると答える川上オブザーバーに井上委員は、数字の解釈か、根拠があるのかを質し、資料をもって回答するとした同オブザーバーにこうたたみかけます。

「それはちょっと無責任ではないですか。今、読み上げておっしゃったのは、原稿があってそれをもとに発言されていると思うのですが、その原稿を作成されたときに、それなりの根拠をもってそのように書かれ、ここは公の場であり、日弁連を代表されてそういう発言をされたわけですから、やはりそれなりの根拠を示していただかないといけないのではないでしょうか。特にほかに根拠はなくて、その数字をそういうふうに解釈されただけということなら、それはそれで結構なんですけれども、それだとするとしかし、奨学金を受給している人も結構多いのに、その人たちも資力は十分ある。あるいは借り入れれば来れる程度の資力はあると、こういうことになると思うのですが、それが実態に合っているのかどうか」

このあと川上オブザーバーは、一言「私の解釈です」とだけ答えます。しかし、ここまで詰め寄る井上委員にも断定する根拠があるわけではありません。「学生と接触」してきた印象をもとに、同オブザーバーの見解について彼の「解釈」という一言を引き出すまで追い込んでいます。

もう一つは、法曹養成全体を議論してから「給費制」問題の結論を出すべきという意見に井上委員はこう言いました。

「全体を議論しないとこの部分が決められないという関係に本当にあるのかどうか。全体の議論をすれば、弁護士会がおっしゃっているような給費制維持ということにつながり得るのかですね」

「例えば、今の新しい法曹養成制度を全部撤廃して元に戻す、人数も元に戻すから、給費制も元どおりだと、こういうことならまだ分からなくもないのですけれども、このフォーラムも司法制度改革審議会の意見書の趣旨を踏まえて検討を行うということになっていますので、そこまでのことをフォーラムは求められているのではないと理解していますし、弁護士会の方もそこまで恐ろしいことをお考えなのではなくて、あくまで新しい法曹養成制度を前提にしながら、どううまくやっていくためにどうすればよいのか、そういう御議論をなさっているのだと思うのです」

議事録の文字からも、嫌みな響きが伝わってくる発言です。新法曹養成制度を全面的に見直し、給費制も維持なんて「恐ろしいこと」をゆめゆめお考えではないでしょうな、という言い方に聞こえます。

委員である丸島俊介弁護士は、「法曹養成制度を全部ひっくり返して元へ戻せなどという意味で、法曹養成制度全体をこの機会に検討すべきだという議論をしているのではなく」、司法制度改革審議会が提案した制度運営がなされず、合格三〇〇〇人未達成を含めた新たな制度移行の前提が作られていない現状の問題と志願者減少といった現象から適否を判断すべきということで、丁寧な議論を求めている趣旨を説明しました。これに対する井上委員の回答はありませんでした。

　やがて同フォーラムは、日弁連も参加したこの国の有識者たちの議論の結果として、「結論」を出します。それが新しい法曹養成制度全体を、後戻りできないものと決めつけず、現実を直視したうえで議論した「結論」であったのかは、こうした会議でのやりとりを含めて評価されなければなりません。

第7章 ネット時代の市民と弁護士

1 「弁護士選び」の困難な領域

二〇一〇年五月二二日の『週刊東洋経済』の特集「弁護士超活用法」のなかに、「よい弁護士を見分けるポイント」として、以下の七つが挙げられています。

①時間に正確である。
②対応が丁寧。
③話をよく聞く。
④アドバイスが具体的。
⑤説明が分かりやすい。
⑥厳しい見通しも伝える。
⑦時間や費用の説明をする。

このほか、「信頼できない」「自分とは合わない」と感じる弁護士は依頼しない方が無難。サービス業なのに、「先生」と呼ばれて「自分は優秀なのだ」と思って依頼者に失礼な態度をとる弁護士も多々いるので、早い段階、できれば初回相談時に見極めましょう、というアドバイスもなされています。

しかし、列挙されたものを改めて見てみると、①～③は社会人としてのマナー、④⑤⑦はサービス業の常識であり、法科大学院や司法研修所ではなく、前者はマナー教室、後者はビジネスマン養成講座で勉強した方がいいのではないかという印象を持ってしまいます。

また、このような常識的なことを選ぶポイントとして挙げるということは、それだけ現在の弁護士にサービス業としての自覚が足りないのではないか、ということかもしれません。

あえてこの列挙された七ポイントに沿わせて考えてみると、弁護士の能力として非常に重要なのは、実は⑥の「厳しい見通しを伝える」ではないかと思います。つまり、事案の性格を正しく認識し、見通しを立てられる能力が求められるとともに、時にその方向で説得するだけの能力が必要とされるからです。

もし、間違った見通しを立てていたらばアウト、根拠もなく依頼者を引きつけるために楽観的な見通しを立てるようならばアウト、厳しい見通しと分かってもそれを正直に言って、自分の依頼者を説得しきれなくてもアウト、ということになります。もちろん、三番目は能力があっても、だめなときはだめですが。

最大の問題は、ここが最も依頼者からは判断がしにくい、判断できない領域であるということです。これを除いた①〜⑦は、一般市民の目線で、感じた通りに判断し裁定を下せますが、この点の妥当性だけはそうはいかない。肝心な点が、弁護士の手の内にあるようにも思えるのです。

これはさらに嫌な想定もできます。この⑥について、別の能力に長けた弁護士がいた場合、より問題は深刻になります。ほかの①から⑦をすべてクリアし、依頼者の利益を第一に考えず、自らの利益のために、巧妙に⑥で誘導、偽装できる弁護士がいたとしたならば、取り返しがつきません。

今考えられる唯一の対策は、弁護士についても、セカンド・オピニオンを採用するということです。実際に、自分の弁護士のアドバイスに疑問を持った依頼者が、思い切って他の弁護士に相談したところ、全く違う結論に驚くケースを度々耳にしました。

ただ一方で、それは現状では簡単なことではありません。市民には、それなりの労力がかかりますし、実際は二人目に会って違うことをいわれても、前者が妥当でなかったとの判断ができるわけでもなく、いずれかが正しいという確信が持てるわけでもないからです。セカンド・オピニオンが成り立つ環境が作れるのかどうかから考える必要があります。

まさに「質の確保」とは、こういう状況を考えた時に、市民・大衆にとって、より切実な問題であることが見えてくるように思います。一定の質が確保されていない弁護士が社会に放出されるということは、それだけ依頼者・市民へのリスクと労力、さらに自己責任に重くのしかかってくることを意味するからです。弁護士増による「淘汰」の論理は、そこを決定的に軽視しているように思えてなりません。

2　弁護士「ネット評判」との付き合い方

弁護士という仕事を考えるうえで、一つ悩ましい存在になりつつあるのが「口コミ」です。いまやネット上では、弁護士に対する口コミのコーナーがいくつも見られます。これは、今の段階でいえば、弁護士に関する口コミの実績というよりも、弁護士業を一つのサービス業として見た場合、他と同様に当然、有効であるとみての設置のようにとれます。

確かにネット上での「口コミ」という評判の流通は、対象に初めてコンタクトを取ろうとする側に、頼りになる存在になっています。端的にいって、ネットがなければ触れられない評判にアクセスできるからです。

しかし、これまた当然のことですが、その正確性については問題も指摘されています。つまり、誰でも投稿できる環境は、誰でも評判をねつ造できる環境でもあるからです。

弁護士よりも口コミが先行して発達しているともとれる医師の世界から、いろいろな声が聞こえてきます。好意的なコメントを患者や医師、さらには業者に依頼するケースまであるといいます。弁護士については、全体的にコメント数が少ない傾向にはありますが、医師については、全くコメントがない人と、好意的なコメントがいくつも載っているものが極端に分かれている印象もあります。これを、そのまま評判の善し悪しの判断材料にはできないのではないか、という人はいます。

もちろんこの環境は、ネガティブ情報をねつ造できる環境でもあります。資格業についての実態はいまだよく分かりませんが、他の業種についていえば、同業者が利用者になりすまして投稿した事実に反する否定的な感想が流れているのは、いまや常識ともいわれています。

弁護士について口コミを考えるうえで、二つのことが気になります。ひとつは、弁護士業自体に口コミが本質的になじむのかどうかという問題です。弁護士の提供するサービスは、現実的には個別案件によって異なるだけに、受け手の印象も違うものになります。同様の案件を同一の弁護士に担当してもらっても、人によって違う評判になることがよくある仕事です。

弁護士がやるべきことを正当にやっていたとしても、最終的な結果から、印象が違うものになることもしばしばです。仮にどの弁護士が担当しても同じ結果になるような案件でも、それが意に反するものであれば、「この先生でなければ、違っていたかもしれない」ととられがちです。しかも、大事なポイントは、弁護士が大衆にとって一回性の仕事になっているので、次回、同様案件を他の弁護士に依頼し、なるほど前の弁護士はおかしかったと分かる機会そのものがない、つまり、そうした裏がとれないまま、「今回のはずれ」だけが情報として流れる危険度が高い仕事なのです。

仮にねつ造云々を脇において、さらにそうした弁護士の仕事の性格部分を差し引いて、弁護士について口コミの有効性を見てしまうと、要は接客態度の部分、「感じがいい」「態度がよかった」「優しい」「分かりやすい」といった印象で、一応の目安になるような気もしますが、それも結果次第では書き込まれないか、あるいは大幅減点評価もあり得ます。

つまり、弁護士への口コミ評価は、たまたま結果がうまくいったケースの人の感謝を込めたものになる可能性があります。結果がうまくいった、というところ自体もプラス評価として、そのまま受け取りたくても、それは案件次第です。

さらにいえば、弁護士はある意味、恨みを買う仕事です。勝ち負けが生じる世界で、少なくとも半数の依頼者は、その結果から弁護士に不満を持つといわれる世界です。逆恨みに近いものまでも含めて、口コミが不満の受け皿になる可能性は高い仕事というべきです。

しかし、それでも、という見方もできます。つまり、大衆が弁護士にアクセスする手掛かり、判断材料は、いまだ決定的に不足しているからです。ネットの発達で、自らのホームページや他の弁護士を紹介するサイトで、積極的に自らの情報を開示する人は増えてきていますが、全体的にみたら、それはまだ少数派といってもいい状況にあります。材料が少なければ少ないほど、ネット上の口コミは客観性以前に、希少情報として扱われます。

もともと弁護士は口コミに支えられてきた仕事という言い方もできなくありません。これまで弁護士と市民の出会いは、紹介によるところが大きな比重を占めてきました。そこには、もちろん文字通り口から口への評判の伝達が、それを支えてきた面があります。それがネットによって、その匿名性から口コミ自体の無責任さが増大してしまった感があります。

一方で、九州電力の「やらせメール」問題を見ても分かりますが、世論が偽装される背景には、他人の意見に左右される大衆意識があり、またそれが見込めるからこそ、偽装が繰り返されるという悪しき関係があることも感じます。

本来の口コミが大事にされるべきという方もいらっしゃいますが、ネットの普及は止められません。口コミに対する悪い口コミでも広がらない限り、弁護士も大衆も、いまよりももっと口コミと気をつけて付き合っていかなくてはならない時代になりそうです。

3 弁護士情報「非公開」の不信

ブログや法律事務所のホームページなどでの活発な弁護士の意見発信を日常的に見ていると、つい忘れてしまいそうになりますが、実は、まだ多くの弁護士は、インターネットを十分に活用しているわけではありません。

ホームページを持っていない法律事務所は多いですし、弁護士会の検索サイトや地域・コミュニティサイトで名前と事務所所在地はネット上に挙がっていても、それ以上の対応に必要性を感じていないような姿勢の方は、それこそ沢山います。

　まして自らの経歴や意見をネット上に発表する人は、さらに全体からみれば少ないのが現実で、中には「やりたいと思いつつ」という方もおられるかもしれませんが、かなりの方は「必要なし」という姿勢にとれます。

　まだ発展途上という印象もありますが、弁護士界のなかの、こうしたことの普及ペースは、意外と遅いという印象を持っています。もちろん、インターネットなんて当たり前の世代が急速に弁護士会で比重を占め出していますから、もはや流れは決定的です。ネット活用が今後拡大することは間違いないことです。

　最近、ある人から市民の「弁護士探し」について言われました。

「市民は弁護士を探す場合、何千人ものなかから、良いと思う弁護士を選ぶわけではない。目についた人から選ぶのだ。だから、ネットを使うのが当たり前の時代、それを使って探すのならば、ヒットしない、情報が出ていない人は真っ先に対象外になる」

　当然のことかもしれませんが、いまだ「必要なし」と考えているとみられる弁護士の方々は、ことによるとこの現実を十分理解していないのでは、と思ってしまいます。

　あるいは、長く「紹介」という顧客との出会いを、基本的な業務スタイルにしてきた仕事の体質でしょうか。広告に対する消極姿勢とも共通するものがあるようにも思います。

ただ、いうまでもなく、弁護士と大衆双方にとって、これは不幸なことです。前記市民の発言を見れば明らかですが、その消極姿勢があるべき出会いを阻害するからです。ネットに積極的に情報を流している弁護士のなかから大衆が弁護士を選ぶとしても、それはやはり選択肢の一つです。

もう一つ、弁護士が考えなければいけないのは、「非公開の不信」です。これは、ネットに限らず、かつて長く弁護士の経歴を載せた書籍の出版に携わってきた経験からも感じてきたことでした。情報が出ていないということは、大衆にとって弁護士とのコンタクトの第一段階での、決定的な不信要素です。

出ていないということは、隠している姿勢と受け取られるということです。

「経歴やお写真が発表されていない弁護士さんなんですが、こんな方は当然、やめておいた方が無難ですよね」

編集部で何度こんな電話を受け取ったか分かりません。もちろん、「出てないからやめるのが無難」なんて指南したことは一度もありません。しかし、出ていない人は問題外、住所だけより経歴が出ている人、簡単に書いてある人より詳しく書いている人、取り扱い分野が書いてない人より書いている人、ナマの声が伝わらない人より伝わる人、写真が出ていない人より出ている人。こうした選択は間違いなく行われています。これは、ネットでも全く同じだと思います。

このことを認識していない弁護士の方は意外と多いのです。ご忠告しても、印象としては無頓着という感じです。とりわけ写真については、出すことに抵抗がある方が弁護士の中に多いのですが、弁護士が考える以上に、弁護士を探す側の印象に大きく影響していることがあります。

「坂本弁護士一家殺害事件」以降、自宅の住所を含め、弁護士が個人情報の公開に慎重になってきた流れがあります。最近でも、弁護士の殺害に至る業務妨害事件が発生している現実もあり、自己防衛としてのこうした姿勢を頭から否定することもできない状況はあります。

しかし、そのこととネットを活用した情報発信の必要性は別に考えなくてはいけません。いうまでもなく、これは今現在、弁護士個人がやることができる最大のアクセス保障への手段であり、価値ある努力だと思うからです。

4　弁護士の「専門」アピールと「誤導」のおそれ

依頼者市民が求める弁護士情報の中で、弁護士の「専門分野」は関心が高いものです。ただ、「専門を知りたい」と言われた場合、弁護士の中には、やや戸惑う人がいるという話を聞きます。

ある分野について、「得意」を自認しているというレベル、それが実績として他の弁護士と比べて優れているといえるレベル、自分の扱う分野のなかで相対的に「得意」といえる程度のレベル——このどれをとるべきかという話です。

依頼者側は、そんな厳密な区別をせずに聞いている場合がほとんどだと思います。なぜかといえば、これを聞く最大の目的は、いうまでもなく、自分が抱えている案件に最も適した弁護士を選びたい、またその弁護士がそうした案件に対応するのに適しているかを知りたいということに尽きるからです。

その意味では、「得意」でも「専門」でも、要はより強く太鼓判を押せる弁護士であってほしいわけで、前記のレベルでも、よりハードルが高いところをクリアしているに越したことはありません。

しかしここは、真面目な弁護士であるほど悩むところのようです。普通にそうした事件をやっているが、特に得意かといわれれば、他の同業者と比べて「専門」とまではいえない。できないわけではないが、「専門」と掲げるような分野であるとはいえない、と。

これを自信のなさととられるのは、不本意な弁護士が沢山いると思います。弁護士はある程度オールマイティにやれるわけで、それ自体アピールしたい人もいるからです。実際に基本的には一通りこなすという考えや間口を広く取りたい心理もあって、例えば、「得意な分野」「取り扱い分野」と聞く際、「法律全般」とか「民事全般」という選択肢を作ると多くの人がここを挙げてしまい、実質的に選ぶ側の選択肢として機能しなくなってしまう現象も起こります。

日弁連は「弁護士及び弁護士法人並びに外国特別会員の業務広告に関する運用指針」のなかで、これらの表記について、一応区分して解釈を加えています。

まず、「得意分野」という表示は、「弁護士の主観的評価にすぎないことが明らか」で、国民もそのように受け取るものと考えられるので許されるが、「主観的であれ得意でないものを得意と表示することは事実に反する表現と認められるおそれがある」ので、豊富な経験を有しない分野については、「積極的に取り込んでいる分野」とか「関心のある分野」という表示の方が「正確かつ誠実」としています。また、「取り扱い分野」や「取り扱い業務」という表示は、「専門等の評価を伴わない」という理由で、ただし書きなしで許容しています。

問題はやはり「専門分野」という表示です。

「弁護士として一般に専門分野といえるためには、特定の分野を中心的に取り扱い、経験が豊富でかつ処理能力が優れていることが必要と解される。ところが、専門性判断の客観性が何ら担保されないまま、その判断を個々の弁護士にゆだねるとすれば、経験及び能力を有しないまま専門家を自称するというような弊害もおこりうる。したがって、客観性が担保されないまま『専門家』、『専門分野』の表示を許すことは、誤導のおそれがあり、国民の利益を害し、ひいては弁護士等に対する国民の信頼を損なうおそれがあることから、現状ではその表示を控えるのが望ましい」

「スペシャリスト」「プロ」「エキスパート」等も同様としています。しかし、指針は現実に、医療過誤、知的財産関係の専門家が存在する事実も認め、結論として、日弁連の専門認定基準または認定制度の完成を待つことを推奨しています。

弁護士認定制度は、日弁連の中で議論されており、最高裁が二〇一一年七月八日に公表した「裁判の迅速化に係る検証に関する報告書」の中で、検討すべき施策として取り上げられています。しかし、やはり専門認定の基準や、日弁連がその主体として責任を負いきれるかといった問題がネックになっているようです。

結局、同制度がない以上、弁護士は「専門」を問われた場合、この指針に従ってその意味するところを厳密に市民側に聞くか、それとも「望ましい」は「望ましい」として、独自の判断と責任のもと対応するかのどちらかになります。

ちょっと引っかかるのは、もし、「誤導のおそれ」を厳格にいうのであれば、弁護士のＣＭを含む広告・宣伝には、「誤導」の要素がないわけではありません。そもそも「スペシャリスト」「プロ」という表現は、一般の広告において指針がいうような厳密な意味を伴わないで、普通に大衆を引きつけるコピーとして使われています。そう考えると、広告という手段そのものには、厳密な意味で言えば「誤導」の要素はほかにも含まれているように思えます。

その一方で感じるのは、やはり、依頼する側が現実的に不満や誤解を持たない形とは、やや距離があるように思えることです。これは、個々の弁護士の工夫にゆだねるしかないのかもしれません。会う前の選択段階は無理でも、最初の面談段階で弁護士側が丁寧に説明して了解を得ることが、いまのところ最も安全策のようにも思えます。

もっとも、最終的に弁護士個人の良識や質にかかわってくることであることと考えれば、それが確保されていることが、いかに依頼者市民にとって安全な「誤導」防止策であるか、改めて気付かされます。

5　弁護士よる「二次被害」という視点

弁護士が加入する保険として、「弁護士賠償責任保険」というのがあります。弁護士の過失があり、依頼者に経済的損害を与えた場合の賠償責任をカバーするものです。

弁護士側には、それなりの負担（例・一事故三億円、年間九億円、賠償請求期間一〇年で弁護士一名あたり年間保険料四万三五七〇円）なのですが、弁護士会の法律相談センターの登録には保険加入が条件となっていることもあり、一応、加入は一般的になっているようです。

対象となる弁護士の過失による損害の典型例は、期限の徒過です。上告理由書の提出期限や控訴期限を過ぎての敗訴とか、破産債権の届出期限を過ぎて債権回収ができなくなった場合です。「時効の抗弁が可能であるのに見落とした」「類似事例に関して敗訴の判例があるにもかかわらず、勝訴すると軽信し、訴訟を遂行して敗訴した」「仮差押をせず、債権回収の機会を失った」といったケースも考えられるとされますが、弁護士の裁量に含まれ、過誤とされるのは難しいとされ、弁護士に聞くと、「意外とハードルは高い」という印象のようです。

弁護士もミスということに関しては、他の保険と同じく、とにかく少しでも「安心」したいという心理は働いています。また、依頼者・市民に対しては、依頼時に、弁護士の加入を一応確認した方がいいといったアドバイスもネット上に見られます。実際は、ミスの場合を想定してあらかじめ弁護士にこの質問をするということは、現実的に一市民としてなかなかやれることではないかもしれませんが。

ところで、保険ですからあくまで過失が対象です。故意にやったこと、損害を予見していながら行ったこと、もちろん犯罪行為は免責です。その意味では、今、懸念されているような弁護士の増員に伴う不祥事の増加には、当然この保険は無力です。いわれている「質の低下」のうち、ミスを防げなかった能力については一部カバーしているとはいえても、それ以上は対象外ということになります。

さて、日弁連から送られてきた二〇一一年一一月一一日に横浜で開催予定の弁護士業務改革シンポジウムの案内を見て、そこに書かれた当日の一一の分科会のテーマ設定に首をかしげている弁護士たちがいます(「弁護士　猪野亨のブログ」、「福岡若手弁護士の blog」)。現状からすれば、このテーマ設定では何の解決にもならない、という話です。

そのなかで、「福岡若手弁護士の blog」氏は、やるならばこんなテーマでやってほしい分科会のテーマとして、次のようなものを挙げていました。

「弁護士非行による二次被害を軽減するために～弁護士賠償責任保険で補填されない被害者への法的援助・賠償基金の創設などによる今後の救済のあり方」

これは、「今後もまた増加するはずの弁護士横領に対し、弁護士会が遺憾を示すだけの過去のやり方との決別宣言」ともしています。社会的に問題となる弁護士不祥事に対して、現行の懲戒制度の抑止力を含めて、弁護士会の対応がどこまで効果があるのかについては、以前から疑問視する見方があります。「遺憾」を示すことと同様に、自治権を持つ団体としての、あくまで起きてしまったことへの「示し」ともとれます。

これまでの実績を基準に考えれば、弁護士の増員によって弁護士非行件数が増えるのは当然考えられることです。ここは「あってはならない」といった精神論ではなく、現実問題として想定しなければなりません。それは、依頼者・市民からすれば間違いなく弁護士による「二次被害」なのですが、そうした描き方そのものも、精神論のなかでは前提としていないような感があります。

逆にそこを直視した場合、前記ブログ氏が掲げたテーマのように、弁護士賠償責任保険がカバーしないその部分を、弁護士会の責任として検討する姿勢があってもいいように思います。それがない弁護士増員の推進という姿勢は、「弁護士二次被害は自己責任」という免責の主張でもしない以上、現実から目を背けた姿勢、あるいは責任ということから腰が引けた姿勢に見られても仕方ありません。

6 「身近な」偽弁護士の時代

なかなか見ることができない貴重な映像を見ることになりました。読売テレビが流した、弁護士詐欺の瞬間です。弁護士による詐欺ではなく、弁護士を名乗った者による詐欺です。

「私、〇〇〇法律事務所の××と申します」

そう言って名刺を差し出す男の姿を、カメラはしっかりと押さえています。ターゲットにされたのは、詐欺被害にあった高齢の女性。彼は「カネを取り返すため」と称して一五〇万円を要求して彼女に接近していますが、不審に思った彼女に依頼された本物の弁護士が、この一部始終を撮影していたというわけでした。

彼の前に本物の弁護士が登場します。そのやりとり。

「あなた、弁護士資格持っているの？」

「はい」

「本当？」

「はい」

「登録番号は何番？」

「登録番号はちょっと……」

「知らんの？」

やはり、まずここに斬り込むのですね。登録番号とは弁護士全員に登録時に与えられている固有の番号です。それを尋ねられて即座に答えられない、そらんじていない弁護士はまずいないでしょう。ここでめちゃくちゃな番号をいってもすぐに足がつくと思ったのか、予想外の質問だったのか、彼は口ごもってしまいます。

その後、彼はそそくさと退散。本物の弁護士は、大阪府警に弁護士を名乗ってカネをだまし取ろうとした男がいることを通報しました。いうまでもなくその後、男は弁護士登録されておらず、名刺に書かれた法律事務所にも所属していないことが確認されています。

なんともお粗末な犯人の姿ですが、そうとだけ見ることもできません。所属していないということは、実在する法律事務所を名刺に刷っていること、さらに、実は一五〇万円を巻き上げるために、これまた実在しない検察からいずれ返金されるようなシステムをでっちあげていたのです。

これは、非常に危ない現実です。この読売テレビの取材でも、弁護士会はこうした手口で詐欺被害者が再び騙される二次被害が増加しているとして注意を呼び掛けています。

詐欺の手口の巧妙さは、騙しの「成功率」には影響しますが、実は危険度はそこからは測りきれません。オレオレ詐欺にしてもそうですが、一〇〇件に一件、一〇〇〇件に一件「成功」すれば、それで十分に仕掛けてくるのが詐欺師です。そこを考えておかなければなりません。

ちなみに現在は、弁護士を名乗るあやしい人物がいた場合、日弁連のホームページにある弁護士情報検索で名前を打ち込んでヒットするかどうか確かめる手もあります。登録番号からの検索もできますから、偽の登録番号を言っていたとしてもすぐに分かります。とりあえず、このシステムが使えるだけでかなり違うと思いますし、今やこれがなかった時代の危うさは考えられません。

もっとも、犯人側もこのシステムを活用し、実在の名前、登録番号を偽装している可能性もありますから、ヒットしたとしても、この検索システムで分かる実在の弁護士の連絡先・法律事務所に直接確認をとることが必要です。

また、こういう事態になると、弁護士側の努力ということも考えなければなりません。情報公開で重要になってくるのは顔写真です。決定的な本人特定の材料を大衆に提供するからです。最近ではホームページ上で、自らの顔写真を公開している弁護士も増えましたが、依然として弁護士の中には、顔写真の公開には消極的な方が沢山います。

写真の公開が、裁判で敵対している勢力からの中傷ビラなどに使用されることにつながるケースもあることから、そうしたことを回避したい事情もあるようですが、今後、公開という問題も考えていかなければならないように思います。

とりわけ、弁護士が増員され、推進派が描くような社会のすみずみまで弁護士が乗り出す形で日常に「身近な存在」になるという未来が、もしこの国に訪れるとすれば、「弁護士」の仮面をかぶった人間たちもまた、「身近な存在」として乗り出してくる可能性があるとみるべきです。「身近」という環境が、彼らの目にもまた、魅力的に映るかもしれないのです。

もちろん弁護士が本当に「身近」になれば、彼らの居場所もないというような描き方をする方も現れそうですが、果たしてそういうきれいな絵が描けるのかどうか。玉石混交の淘汰の過程は、本当に彼らに「ビジネスチャンス」を与えないのかどうか。

弁護士がありとあらゆるところに顔を出すという予想図を描くのならば、それなりの安全な環境が担保されていなければならないということだと思います。騙される側の自己責任で片付けるべきではありません。

7　法律相談の「不満」要素

日本司法支援センター（法テラス）の登場やインターネットの普及もあって、「法律相談」というもののチャンネルは、増えた感じがあります。

ただ残念ながら、こうした「法律相談」の評判が、以前より格段によくなったという話は聞こえてきません。弁護士会などの相談におけるアドバイスで、安心や納得されて帰られる方ももちろんいるそうですが、不満を持たれる方が多いのも現実です。

それは、必ずしも対応している弁護士が悪いわけではなく、相談時間が短く、相談する側は十分話した気持ちになれず、相談される側も、その範囲でとりあえずのアドバイスをしている結果でもあります。

「法律相談」に対する「不満」に反映する要素は、大きく三つあると思います。

一つは、持ちこまれた事案の難易度の差異。案件の複雑さ、解決困難さによっては、いくら優秀な弁護士でも簡単なアドバイスはできません。逆にその度合いによっては、それなりの解決につながる法的指南ができます。

市民が「法律相談、役にたったよ」あるいは「全く役に立たない」という評価をしても、「法律相談」そのものの「質」の問題とは限らないということになります。また、この点は時間に関する不満とも関連します。複雑な案件ほど、前提となる事実について詳細に聞かなければならず、もちろん時間も必要になります。そもそも限られた時間で、ぴたっとアドバイスできる案件ばかりではないのです。

二つ目は、弁護士の能力です。この場合の能力には、タイプ的なことから人当たりやサービス精神も含みます。事案の分析能力と的確な対処の判断は根本的なことですが、こうした点が相談者の不満につながっている事例があります。弁護士側が反省すべきこと、努力すべき点もあると思います。

そして三つ目は、相談者のタイプです。弁護士の中からよく聞こえてくることですが、弁護士の口からは、あるいは最も言い出しにくい点かもしれません。「不満」の責任を相談者に転嫁しているようにもとられかねないからです。

　過剰期待も含めて、そもそもが「法律相談」に無理なことを持ちこんでいるのを認識していないタイプ、弁護士側か誠心誠意説明しても納得しない頑迷なタイプ、さらには自分の期待した回答がなされないことを面白くないとして批判してしまう、いわば逆ギレタイプの方などがこれに該当します。

　最近、ある弁護士が言っていましたが、自分の意見に同意してくれる弁護士が現れるまで、何度も何度も同一案件を法律相談に持ち込む人がいるそうです。なぜそんなことをするかといえば、そういう人はどうも、「弁護士もこう言っていた」というお墨付きがほしいだけらしく、弁護士にとっては厄介な存在だということです。

　ただ、過剰期待を含めた市民側の誤解という意味では、啓蒙・情報提供、あるいは広い意味での法教育の問題なのかもしれません。自分が置かれている立場について正確に認識できるならば、法律専門家にアドバイスなんか求めないということにもなりますが、少なくとも、法律相談でできることとの大まかなイメージを相談者がはじめから分かっているかどうかで、大分展開は違うと思います。

　この三つの要素が、どういう比率で存在しているのか、正直全く分かりませんし、もちろん一概にはいえません。「不満」が生じることがあるのも「法律相談」という仕事の宿命として割り切っておられる弁護士もいらっしゃるようですが、現実的には相談者側が認識を改めるべき点が多分にあるように思います。

8　弁護士の職人的興味と「不謹慎」

「面白い」という日本語は、意外と使いどころを気をつけなければいけない言葉です。取り方によって、不謹慎な響きになるからです。

本人には悪気がない場合がほとんどかもしれません。この日本語が、たまたま「こっけいだ」「楽しい」という意味と、「興味がある」「こころひかれる」という意味を持ち合わせていることからくることでもあります。だから、本人からすれば誤用とも言い難いのですが、伝わってなんぼの言葉ですから、そうした不謹慎な響き、ニュアンスにとられるかもしれないことは、発信者側が配慮することが無難です。

弁護士の仕事についても、これは気をつけた方がいい言葉だと思います。「面白い事件」「面白い裁判」「面白い案件」などなど。事情がよく分かっている者同士、あるいはある前提の上に話し合える間柄では、この言葉のなかに不謹慎なものを読み取ることはないのですが、事件当事者はもちろんのこと、第三者の市民がこれを聞いてその部分を切り取ってみたとき、「面白いとはなんだ」という突っ込みを入れたくなるかもしれません。

ひとつには、職業的あるいは職人的な興味というものがあります。法律論としてこの案件がどういう展開をし、裁判所がどう判断するのかを、専門家として注目している場合があります。ただそうだとしても、これも使いどころかもしれません。かつてある大物政治家の弁護に立った著名な人権派弁護士が、検察権力のシナリオを崩す「蟻の一穴」への職業的な興味から受任したというようなコメントをして、盟友ともいえる弁護士から批判されたことがありました。動機付けのプライオリティとして、ここは問われる局面なのかもしれません。

弁護士を医者にたとえる人は多いですが、降って湧いた事件は、市民にとって病気と同じ厄災だと考えれば、医者による「この病気は面白い」という言い方はあり得ません。

仕事の面からいえば、同じような仕事ばかりでない方がいいという弁護士の本音を聞くことがあります。それこそ職業的な興味、あるいは経験としていろいろな事件に当たり、実績を作りたいという気持ちはあるようです。

もう一つはマンネリ化、飽きてしまうということも聞きます。これまた心得違いをいう人がいるかもしれませんが、やはりそこは人間ですので、分からなくはありません。マンネリ化した気分の状態で事件に臨まれることは、市民にとってもいいわけはありません。

現に、期待されながらも数が伸びない企業内弁護士について、弁護士側にある敬遠意識とは、その企業の仕事しかできないことが「面白み」に欠けるとするもののようです。企業内弁護士は、弁護士といっても一社員としてその企業に貢献することが求められますから、別のメンタリティが必要になります。一度企業内弁護士になったらば、一般の弁護士とは違う路線に行くことになるのではないかとの見方も、少なからずありました。

ただ、これらはあくまで「これまでは」という注釈をつけるべきかとも思います。「マンネリ」がどうのこうのではなく、いまや仕事になるならば、何でもやるという覚悟を弁護士の口から聞きます。仕事をえり好みしている余裕がなくなってきたということです。

定型処理的な仕事を弁護士らしからぬ分野としてきた人たちもかつてはいましたが、今では、それこそ「おいしい仕事」ととらえる向きもあります。企業内弁護士にしても、「安定」というプラス要素に対して、「面白み」ということが、新人のなかでどの位の比重を占めていくのかは未知数です。

「不謹慎」と言われる心配をしなくても、弁護士の口から「面白い事件」なんていう言葉は、今よりもっと聞かれなくなるのかもしれません。職人的な興味やマンネリへの嫌気も、余裕のあった古き良き時代の話として弁護士が語る日が来るのでしょうか。

9 「弁護士次第」という疑念と誤解

裁判所の訴訟促進策が打ち出されるずっと以前、ある弁護士の会合で、遅延がいわれていた民事訴訟が話題になりました。その時出席していたある弁護士が、弁護士としての訴訟促進策として、「例えば、こんなスタイルはどうだろう」という提案をしました。

それは「訴訟促進協会」といった、弁護士の団体を作るというものでした。つまり、訴訟促進を心掛ける弁護士がその団体に所属し、積極的に実践するというものです。

その弁護士が具体的にイメージしていたのはこんなものでした。全国の多くの弁護士がそこに参加して、公然と「訴訟促進弁護士」を標榜する。やがて民事裁判で、「促進協バッジ」をつけた弁護士が相対することになる。双方の弁護士は、相手側の弁護士の胸に、弁護士バッジとともに付いているもう一つのバッジに気が付き、「おっ、促進協の方ですか」。で、努めて迅速な裁判が実現される――。

ユニークというより、漫画のように面白く、どこかのどかな裁判風景にも見えてきます。今考えてみれば、言っていた弁護士もちょっとした面白アイデアといった感じで、どこまで実現できると思って言ったのか、疑わしいものがあります。あるいはこんな感じで促進ができればいいのだが、という程度のものだったかもしれません。

ただ、この提案に「なるほどね」と笑いながら聞いていた弁護士たちを見ながら、少々奇妙な気持ちに襲われたことを覚えています。つまり、民事訴訟の進行を早めるも遅らせるも、実は弁護士次第なのか、弁護士の努力、あるいは胸三寸で決まると弁護士はどこかで思っているのではないか、と思えたのです。

もっとも大前提として、依頼者という存在があることくらい、これを言った弁護士だって分かっているはずです。依頼者の意向を無視して弁護士が決めるというわけではないでしょう。

説得というものも前提としてあるかもしれません。

さらに、依頼者の存在があればこそ、このアイデアは、そう簡単にはいかないことも弁護士は分かっています。徹底的に争ってほしい、あるいは劣勢な依頼者が必ずしも裁判の早期決着を望む場合だけではないからです。

ただ、市民の中にはもともと弁護士に対して、私が奇妙に思ったものに近い、いわば疑念のようなものがあるのを感じています。どうやら同じ釜の飯を食ったらしいこちらの弁護士と相手の弁護士が裏でつながっていて、「まあこの辺で」という落とし所を見つけて、回れ右して、双方の弁護士の説得を試みているのではないか。

もちろん、弁護士からすれば、「そういうことだってあるだろう。それが当事者の利益になることだってあるし、そのためのものだ」という言葉が返ってきても当然です。しかし、市民からの弁護士に対する苦情を聞くと、どうもここが必ずしも理解されているわけでなく、「うちの先生は相手に向かわず、こちらに妥協を迫ることばかり言ってくる」という不満と結び付いて、何やら弁護士の裏取引疑惑のように思っている場合が結構あるのです。

これとも関係しますが、市民が弁護士選びでものすごく気にするポイントとして、当方と相手の弁護士の力関係があります。経験値からくる能力差、先輩・後輩といった人間関係が、裁判で主張される中身とは別に、成り行きを左右してしまうのではないかという恐れです。これは弁護士選びを実際にやっている、もしくは裁判当事者として既に弁護士をつけている市民の口から、これまでに何度も聞かれたことです。

「弁護士間に力関係は存在するか」というテーマで、河原崎弘弁護士がホームページで書いていらっしゃいます。そこでも、弁護士間の話し合いがあっても、依頼者の意に反して事件解決の方向が決定づけられることはないし、そういう方向が出る恐れがある場合は解任、それが出た場合は懲戒申し立てという手段を挙げています。さらに、知り合いだった場合についても、やはり河原崎弁護士は、事件処理に悪いことはなく、むしろ話し合いがスムーズに進む分プラスという見方を示されています。

ケースによってさまざまですが、事件によっては、大体の落としどころが見えてしまうものもあるのは事実であり、逆に双方の弁護士・双方の依頼者が、ただ感情的にこじれることで解決しないことがあるのも、弁護士はよく知っています。完全に先が見えているのに徹底抗戦をしかける、まして依頼者にそれを結果として焚きつけたりすることになるのが、いいわけもありません。

ただ、ここは弁護士が考えている以上に、デリケートな問題のように感じます。あまりに弁護士次第という見方が強まると、司法の「正義」の成り行きがそこで決まるような印象も広がるからです。正義はカネを出して「強い弁護士」を付けた方という考えは、たとえ正しい弁護活動をして、妥当な司法判断が出ても、それに対する間違った当事者の解釈を生み、結局、司法や弁護士への誤解につながるのです。

弁護士がビジネスと割り切られるなかで、こうした市民の意識もまた、強まっていく危険性があるように思います。

第８章　弁護士の品格

1　「ポーズ」弁護士増加の嫌な兆候

最近ある弁護士から、どうも若手に増えている「困った弁護士」のタイプについて聞きました。

彼は、それを「戦闘的弁護士」と言っていました。「戦闘的な弁護士は大いに結構じゃないか。弁護士が闘わなくてどうする」という方もいらっしゃるかもしれません。それはその通り。

彼がいったこの「困った弁護士」とは、意味もなく、やたらに戦闘的なスタイルをとる弁護士のことなのです。民事裁判でとにかく話し合いに応じない、和解にももちろん応じることなく、一貫してファイティングポーズだけをとり続けるのだというのです。

これを話してくれた弁護士は、「こういうタイプの弁護士が相手だった場合には絶対に負けることはない」と言いました。なぜなら、実は弁護士からみて、その弁護士がどう考えても負ける闘いであるがゆえに、こうした姿勢をとっていることが分かるからだそうです。

どうしてそんなことをしているかというと、どうもこの「ファイティングポーズ」で依頼者の気持ちをつなごうとしているかららしいのです。

これは非常に問題です。紛争の最良の解決を求めるという姿勢とはいえないからです。たとえ依頼者の気持ちがつながっても、それは依頼者のためにならない結論が待っている可能性があります。

弁護士同士が話し合い、その落としどころについて、回れ右して双方の依頼者を説得する時に、依頼者の不満や不信感が生まれることがあるのは事実ですが、依頼者にとって最良の解決のためには、もちろん説得は弁護士の仕事です。

そう考えると、もし本当に前記したようなタイプの弁護士が若手に増えているという現象があるとすれば、それはやはり「質」の問題として考えなければなりません。これを話してくれた弁護士も言っていましたが、やはりこれは心得違いもさることながら、能力の問題ともとれるのです。

それは大きく二つの能力に欠けているといえます。一つは当該紛争での妥当な決着点、依頼者にとって現実的に最良の解決を認識していないこと、もう一つは、それに向かって依頼者を説得する力がないということです。もちろん心得違いというのであれば、そういう解決を目指すことと、厄介と思われる依頼者の説得に当たるのも弁護士の仕事であるという自覚に欠けていると言うこともできます。

やはり弁護士としては、レベルが低いといわれてもしょうがありません。

怒りをもって立ち向かう「義憤系弁護士」が依頼者の信頼をつかむように、本当に憤るべきものには決して妥協せず、徹底的に争うことは必要です。その点で、依頼者との強い絆も生まれます。

ただ、前記問題のタイプは、これとは区別しなければなりません。「義憤系」としたタイプは、決して感情的なものではなく、正義感から法律家として主張すべきことを主張する存在です。

弁護士の面白いところは、実はこういうタイプについては、敵対しているとはいえ相手方の弁護士もそれなりに主張を理解し、時に尊重していたりするものなのです。それでも、弁護上の立場で、自分の依頼者の有利になるような主張は展開するわけですが、分かっている以上、この場合の評価も「困った弁護士」ということにには大概なりません。

若手弁護士の「匹夫の勇」は、やはり「質の低下」を示す嫌な兆候のように思えてきます。

２　弁護士が「モンスター」に見える時

民事事件の相手側が、どう考えてもめちゃくちゃな主張を掲げてくる。こんなことはよくある話です。その際、そのめちゃくちゃな主張側についている弁護士が、どのように相手側市民の目に映っているかといえば、もはやそれはいうまでもないと思います。

私も近い経験をしたことがありますが、まず思うのは、「正気か？」と。そして、必ずそのめちゃくちゃな主張への、弁護士の深い関与を想像するのです。

敵対している弁護士に言わせれば、相手弁護士は依頼者の意向に沿って法的な体裁を繕い、裁判所に書類を提出しているだけ、という見方をする場合も少なくないようですが、当事者の気持ちはそこでおさまりません。めちゃくちゃな主張は弁護士の入れ知恵ではないか、はたまたどこまでが入れ知恵かと、まず疑うのです。

「めちゃくちゃな主張」とくくっていますが、正確にいうと、一般人からすれば無理筋の主張に、理屈をつけているものです。法律家からすれば理屈が付く以上主張できることになり、無理筋でもないことになるのかもしれませんが、真実を知ってしまって、相手の嘘を知ってしまっている一方当事者からすれば、相手側依頼者とともに、その弁護士も嘘つきに加担する醜い姿に映ります。

例えば、必ず市民が想像するのは、法的なことは全く分からないまま、窮地にある依頼者の相談を受けた弁護士が、どう考えても依頼者側に非があることが分かったうえで、それを逃れるための、あるいは相手を攻撃するための算段として、何が必要かを指南するという図です。

これを不正義とみる相手側市民のなかには、すぐ「懲戒」ということを口にする人もいますが、現実的なことをいえば、そう簡単なことではありません。もちろん弁護士はあくまで依頼者の有利になるような活動をしますし、正当な権利として主張できる余地があれば、それを十全に主張するのが仕事です。

多くの場合、確実にはその実態をつかみきれない弁護士・依頼者間のやりとりについては、弁護士の本来業務として堂々と自己弁明できる立場にあります。これを弁護士に聞くと、「それが弁護士の仕事だから」という人もいれば、「そこに逃げ込める仕事」と評する人もいます。

ただ、そのめちゃくちゃな主張の側についている弁護士の態様も人によって違うことがあります。依頼者側の主張は掲げながらも、和解の交渉での態度では、明らかな違いが出たりします。つまり、それなりにこちらの意をくみ、めちゃくちゃな自分の依頼者を説得する姿が、相手側弁護士・依頼者にも分かる場合があるのです。もちろん、それも和解のテクニックかもしれませんが、それはまだ弁護士として救いがあるという感じもします。

こういうレベルではなく、最近は、玉砕覚悟でめちゃくちゃな主張で突っ込んでくる弁護士が増えているという話があります。もはや勝算ではなく、その姿勢だけで依頼者の気持ちを引きつけるという話です。

かつては、いかに依頼者の頼みであっても、そんな主張は法律家としてできないという弁護士は沢山いました。それはある意味、プライドが支えていた面もあります。もちろん正義感もあるでしょうが、法廷で裁判官と相手側弁護士の前で、恥ずかしくて主張できないという感情が働くことだってありました。

最近も、会社が労働者に対して起こした損害賠償請求について、その代理人にあきれかえる弁護士のコメントが記事になっており、その中にも前記した意識をうかがわせるものが出てきます（J-CASTニュース「仕事つらく、耐えられずに退職　何と会社が二〇〇〇万円損害賠償請求」）。

「モンスター」に付いて、その声をそのまま発する「モンスター弁護士」の登場が、説得という弁護士の能力低下によるのか、それともかつてあった弁護士のプライドがなくなりつつあることによるものか、はたまた今の余裕のなさがもたらしているとみるべきか。いずれにしても、市民にとっていい話ではありません。

3　テレビが流している弁護士像

テレビドラマのなかに登場する弁護士の姿については、違和感をもって受け止めている弁護士の方は多いようです。所詮ドラマ、フィクションといってしまえばそれまでですが、それなりに弁護士イメージには影響しているようです。弁護士からすると、そもそもその手のものは見ないという方が多いようですが、見てしまうと、やはり突っ込みたくなってしまうということでしょうか。

テレビドラマという限界はあると思いますが、やはり「刑事物」というスタイルが基本にあるように思えてなりません。刑事ではなく検察官や弁護士を主人公にしても、「刑事物」の作りになってしまうということです。

法廷シーンそのものは動きがなく地味で、現実の法廷のようにリアルに描いたらドラマにならないかもしません。だから、結局検察官を主人公にしても、「刑事物」と同様、捜査をして真犯人を探す存在が描かれる。一般の人には違いが分からないかもしれません。

弁護士については、「無罪」獲得などの刑事裁判が描かれるのですが、真犯人が分からないままというのでは、やはりドラマとして成立させにくいということでしょう。弁護士も真犯人を探さなければなりません。

結局、「刑事物」は勧善懲悪という形で描きやすく、司法関係者も主人公になった瞬間にそれに組み込まれるということです。

もっとも、最近はあまり見かけなくなりましたが、「刑事物」の脇役の弁護士といったら、なんといっても悪役で登場することが多かったように思います。

刑事が主人公のドラマでは、逮捕した容疑者の弁護士が警察にやってきて、刑事に向かって「すぐに釈放しなさい、これは人権問題ですぞ」といってみたり。その容疑者は、もちろん決まってドラマの最後には、真犯人であることが判明するような形になっていますので、およそ弁護士は「悪の擁護者」です。

もちろん、これから裁判にかけられて判決が確定するまでは無罪推定で、なんて話は全くなく、この世界では逮捕＝犯人＝悪人ですので、かなり誤解を招いても仕方がないような世界に、そもそもが組み込まれている感じです。

企業が舞台になるものでも、企業側弁護士はどちらかというと胡散臭く描かれていることが多い印象です。企業の不正を隠すことに力を貸す、まさに用心棒のイメージです。

まあ、刑事物の刑事にしても、視聴者は、本物の刑事はこんなじゃないだろと思いながら見ている節もあるわけですが、いずれにしても、ドラマはドラマとして成立させることを最優先にしており、その意味ではリアリティを追求しているわけではない、というか、この世界のリアリティが必ずしもドラマになるわけではない、ということだろうと思います。

ただ、かつてと大きく違うことは、同じテレビに本物の弁護士が多数登場するようになったことです。バラエティに登場する弁護士の姿が、いまやドラマの弁護士とともに、お茶の間に流れている時代です。別の見方をすれば、テレビを通した大衆の弁護士イメージを考えるとき、この二つがいまや大きなソースになっているように思います。

ネットにこんな書き込みがあるのを見つけました。ちょっと長くなりますが引用します。

「最近テレビに出演する弁護士の方々がちょっとふざけすぎていませんか？　もう少し弁護士としての社会的身分と自覚をもって、ふざけた行為は謹んでほしいです。弁護士というのは、公務員ではなく私人ですが、司法修習生のときには、私たちの税金から給料をもらい、この日本の法曹人としての精神と役割を学び、卒業後は弁護士、裁判官、検察官として、法治国家内での社会的責任を背負う義務を潜在的におわなければいけないのだと思います。……弁護士の方はテレビに出演して、ふざけた演技をしたり、お茶らけたり、芸能人の方に馬鹿にされてもへらへらしたりしていますよね」

「私たちが弁護士に助けを求めるときというのは、警察でもどうにもできないような、民事的な究極な段階であることが多いです、離婚するかしないかの最後の段階、子供の親権問題、民事的に詐欺か詐欺でないかのぎりぎりな状態で金銭を騙し取られた、自分でも友人でも親でも誰も助けることができない、絶望的な状態である場合でも、弁護士の方に法的な救済を模索してもらい、依頼する場合がほとんどです。そのため、私たちは弁護士に対しても、威厳をもち、中立的な立場でいてほしいのに……」

弁護士会が問題視する「品位」という問題を市民が指摘しているようにとれます。

ちなみに、これに対する回答には、こんなものがありました。

「『弁護士に対する厳格な印象』。そんなものは持っていません。自分はこれまで何度と無く裁判や相談等で何人かの弁護士と会ってきましたが尊敬に値する弁護士はたった一人だけでした。テレビドラマや小説等での正義の味方的なイメージを持って弁護士と会ったらがっかりすること間違いなしです（笑）。所詮弁護士も経済的活動に左右される職業でしかありません。それ以下でもそれ以上でもない、と思っています」

そういえば、警察官・刑事については、さかんにドキュメンタリーとして「警察24時」のような、より現実の苦労や努力を伝える、イメージップに貢献するテレビ番組がありますが、弁護士についてはほとんどお見かけしません。では、「弁護士24時」をつくれば、とは思ってみましたが、その効果もさることながら、これはこれで番組として成立しない理由がありそうです。

4 「きれいな法律事務所」という判断材料

良い法律事務所の見分け方を紹介している本やサイトで、結構見かけるようになったのは、「きれいな事務所を選びなさい」というアドバイスです。

これで何を測るかといえば、「お客様」への姿勢のようです。きれいな事務所というのは、それだけ「お客様」を迎え入れる態勢を整えているということ、つまりは、それでその事務所の弁護士の姿勢が分かるというわけです。

ある弁護士が書いた本では、こんなポイントを指摘していました。

①事務員の対応（明るい声の応対が親切かつ明瞭であること）
②ロケーションと外観（路地裏は不安になる、依頼人への気持ちの現れ）
③事務所内の調度品・事務用品（整然としているかどうか）

ちなみに彼は、男性弁護士の服装の汚れ、女性弁護士の厚化粧や派手な服装もポイントとして挙げています。要はどれも、弁護士の「お客様」への姿勢と、人柄を読み取る手掛かりとして強調しているものです。

私の感覚はやはり古いのか、こうしたくくり方には正直やや抵抗があります。とにかく、これまでお会いして、本当に心から尊敬できる弁護士の方々の事務所のなかには、そりゃすごい状態のものが沢山ありましたから。

事務所の部屋は書類で埋め尽くされ、いまにもあちらこちらが崩れてきそう。よくこのなかで何がどこにあるのか把握しているものだと、関心してしまうような状況です。そんな弁護士の部屋に置かれた小さな応接セットで、打ち合わせが始まったものです。それこそ、なりふり構わず仕事に没頭している弁護士のスタイルとして、確かにこんなパターンもあったことは事実です。

汚いよりもきれいな方がいいに決まっていますが、それを見てきてしまうと、きれいから逆算して「良い事務所」「良い弁護士」を導き出せるのか、とつい思ってしまうのです。

ただ、やはり弁護士側の自覚としても、今はそれでよし、という感じではありません。少しでも依頼者・市民との話し合いに適した場を提供しようとする努力は、いまや当たり前のことと受け止められています。

特にこうした方向を強めているのは、やはり弁護士の「サービス業」としての自覚だととれます。サイトの中には、古い法律事務所や病院は依頼者・患者を見下す傾向があったが、今は「お客様」が浸透していると指摘しています。逆にいえば、依然としてそうした対応ができないところは依頼者を見下している、かつての悪い慣習を踏襲しているところと見ていい、といっているわけです。当然、こうした目線を今の弁護士が意識してもおかしくありません。

もちろん、「競争」という状況のなかでは、「こんなことは当たり前」という弁護士も、少なくはないと思います。

しかし、現状からみて不安な点もあります。こうした法律事務所の体制整備には、それなりのお金がかかります。固定費を出来るだけ削りたい事務所運営のなかで、心得としてはやりたくても、やれない弁護士も生まれてきているからです。

さらに、格差が生まれているなかでは、そうした対応が十分できるところほど、お金儲けをしている事務所ということに一般的にはなりますが、広告の問題と同じで、その立派さをすべて「善し悪し」の判断材料にするのは危険ではないのかという話にもなります。

もちろん一般の感覚からすれば、「繁盛しているところはいいところ」という見方もあれば、「余裕があるところかないところかといわれれば、あるところを選ぶのは当たり前」という感覚もないわけではありませんが、こと「善し悪し」ということになれば、そこは必ずしもそれがいい結果を生まないのが弁護士という仕事、いわば他の「サービス業」との違いに、落とし穴があるといってもいい仕事のようにも思います。

もちろん、心掛けとして「お客様」を大事にすることは、それだけ依頼者の立場を考える弁護士の仕事につながっているとは思いますし、それこそ見下すような弁護士は問題外です。

ただ、それでも依頼者・市民は、「巧言令色、鮮し仁」といったことを弁護士自身に向かう時も、法律事務所にも向かう時も、少し頭の隅に置いていてもいいようには思います。路地裏の汚いビルの一室で、市民のために頑張っている弁護士もいますから。

5　弁護士議員の「弁護士色」

「いまの政界は弁護士出身が幅を利かせている」

与党の長老の一人が、そうぼやいている話を、岩見隆夫・毎日新聞客員編集委員が取り上げています（毎日新聞二〇一一年六月一八日朝刊「近聞遠見」）。

岩見氏も指摘するように、「幅を利かせている」といっても、弁護士議員は衆院二〇人、参院一一人の計三一人足らず（岩見氏の記事の参院一〇人、計三〇人は間違い）で、全議員の四％足らずですが、横路孝弘衆院議長を筆頭に、谷垣禎一自民党総裁、山口那津男公明党代表、福島瑞穂社民党党首、政府関係では、枝野幸男経済産業相、細川律夫前厚生労働相、仙谷由人前官房副長官等々、要職についている方が多く、目立つところにいる感じはします。

「理屈を言うだけで、仕掛ける能力もない」

長老が「幅を利かせている」弁護士議員にぼやく中身は、このことのようです。つまり弁護士的である彼らの、政治家としての資質を問題視しているようにとれます。

岩見氏も、その弁護士的であることを、こんな風に分析しています。

「よく言うと論客、悪く言うと理屈屋、従って行動は鈍くすごみや飛躍がない。落としどころをいつも探ろうとする。政治には、理屈を横に置いて飛ばなければならない時があるが、飛ばない」

以前、弁護士会館で講演したベテラン弁護士議員が、「議員になりたいのならば、弁護士が板についてしまうまえに」ということを話していました。根回しがものをいう政界で、弁護士流の公明正大スタイルは不向きというニュアンスでした。

見方によっては、長老や岩見氏の分析で出てくる「仕掛ける」とか「理屈を横に置いて飛ぶ」といったことができない弁護士という括り方も、どこかベテラン弁護士の忠告と通じるものがあるようにも思えます。

ただ、こうした分析にやや違和感を感じるのは、実は弁護士議員は、それほどその出身母体を感じさせる形で政界に存在しているだろうか、いやむしろそれを感じさせないくらい溶け込んでいるようにも思えるからです。

選挙の際に、その出身を「弁護士」として語るくらいの話で、およそ言われなければ分からないほど、特別、弁護士色を出している感じはしないのです。もちろん大衆の受け止め方にしても、「へー弁護士なんだ」くらいの感じだと思います。

要するに、長老のぼやきにみられるような分析は、実質、後付けの話ではないかということです。理屈っぽく「飛ばない」政治家に対し、その人の出身を見て、弁護士イメージとかぶせている感もしなくはないのです。

確かに弁護士が「板についている」方は、理屈っぽいという印象を与えるのかもしれませんが、既に頭を政治家に切り替えていらっしゃる以上、「飛ぶ」という政治的な判断をしないようにはとれません。そこは、むしろ民主党政権が度々自民党と比べていわれるように、経験値が左右しているようにも思えるのです。

むしろ、いみじくも岩見氏が分析した「すごみや飛躍」がまかり通る世界で、「落としどころを探し」、党利や数による専制に対し、「理屈」で対抗するというところにこそ、国民から見て、弁護士が議員になってもらうメリットがあるともいえるわけで、その意味で、悪い意味で「弁護士チック」というよりは、悪い意味で「弁護士チックではない」という気もしてしまうのです。

ただ、今、政治家として求められているのは、「理屈」よりも「政治的決断」とか「実行力」なのだ、というとらえ方が社会に広がっているように思います。その政治への不満が、スポットが当たる政治家の出身である「弁護士」という経歴に、やはり結び付けられて語られているように見えます。

それにしても、「弁護士」とは、よくよく良い意味ではなく、悪い意味で例えられる仕事になっている感じがしてしまいます。

6 「モンスター」とともに現れる弁護士たち

「モンスター・ペアレント」という言葉も、かなり一般的に使われるようになりました。この言葉の本格的な登場はこの三、四年という感じですが、いうまでもなく「モンスター」はずっと昔から存在していました。

この言葉が、無理難題を教育現場に持ち込む親のことを指すと知ったとき、真っ先に思い出したのは、高校時代に学校にどなりこんできて校内で話題になった、一級上の女子生徒の父親のことでした。

「何でうちの娘の担任が彼女なんだ」

大学教授であるその父親は、自分の娘の担任が若い女性教諭であることにクレームをつけ、替えるように要求してきたのでした。その女性教諭に、もちろん問題があったわけではありません。まだ経験が浅くても、真面目に一生懸命生徒に向き合っているという印象の先生でした。

要するに気位の高い父親が、若いというだけで難くせをつけているとしか生徒には思えず、当時、職員室で泣いていたその女性教諭と、そんなことを学校に言ってくる父親の娘に深く同情したのを覚えています。

ここ数年の「モンスター・ペアレント」の話を聞いて、当時、学校の珍事として話題になったあの父親のような「モンスター」が、実はあれからずっとこの社会で存在し、少しずつ増殖していたかのような、そんな連想をしてしまいました。

「運動会の組み体操のピラミッドで自分の子が一番上でないのはおかしい」

「子供にかすり傷一つつけないよう誓約書を書いてほしい」

「部活動のユニホームは学校で洗ってほしい」

「料金を日割りで負担して」

過保護といえるものから、給食費滞納の現実ともつながるような経済的な困窮を背景にしているととれるものまで、マスコミで伝えられるモンスターの主張は、いまやバラエティに富んでいます。

さらに事態は、嫌な方向に進んでいます。弁護士の登場です。その「モンスター」は、学校に弁護士を同道してくるというのです。

つい最近も、知人の小学校教師が嘆いていました。自分が担任しているクラスの、ある女の子の母親が校長にどなりこんできた。「娘がいじめにあっている」として、弁護士をつけると息巻いているらしいのですが、実はその子がいじめの張本人で、これまで問題を起こしていた、という話。

これまで子供同士の間で話しあって解決してきて母親は事情を知らず、なぜか娘が一方的にいじめられていると思い込んでいる。しかも、スパルタ教育のその母親にも少々問題があるということで、本当のことを知ったならば、逆上して娘にどうあたるか分からないという話まで。そこに弁護士が介入してきたらもっと話が厄介なことになると、学校側は頭を痛めているのでした。

プロにはプロ、という話もあるようです。モンスター側で弁護士が乗り出してくることに対抗して、自治体では苦情処理マニュアルの作成とともに、学校側に弁護士がつく方向になっています。さらにその方向は、逆に学校側が苦情を一般的に「モンスター」扱いして取り上げない傾向が出始めているという指摘もあり、さらに問題を複雑化させているようです。

この状況は、確かに弁護士の出番を作る方向で進んでいるように見えます。「モンスター」につく弁護士、「モンスター」の攻撃に対抗する弁護士、「モンスター」扱いされる、あるいは「モンスター」ではない親につく弁護士。

ただ、「プロ」ということを「モンスター」の主張から逆算すれば、「言い掛かりのプロ」とみられてもしょうがない現実があります。そのいわば対症療法として、学校側に弁護士がつき、そしてこうした状況が生む過剰防衛が、新たに弁護士を必要とする。

これは考えさせられます。権利の主張と自己中心主義が区別されないまま、弁護士の出番が増える社会の縮図ではないでしょうか。これは弁護士自身も自覚しなければいけないと思います。弁護士の出番が増えることを良く描くばかりでは、見えてこない現実です。もちろん、国民はそれを求めているとは思えません。

7　変化した弁護士の精神性と評価

正確な論理と迫力に満ちた弁論は、穂積陳重博士をして、「法術の極地」と言わせしめた刑事弁護士界の巨人、花井卓蔵。波瀾に満ちた彼の人生は、後年まで語り継がれることになる多くのエピソードを残していますが、そのなかにこんな話があります。

花井は中央大学の前身、英吉利法律学校の卒業生でしたが、一九〇九（明治四二）年に法学博士となった彼を中央大学は大きな誇りとし、理事者、校友が一丸となって、彼を学長、総長に迎えようとしました。

ところが、花井はこの誘いに頑として首を縦に振りませんでした。彼は母校で講義もし、理事としては校務にも尽力した愛校精神の持ち主でしたが、穂積博士のような大御所から説かれても、節を曲げませんでした。

いぶかしがる門人に、彼はこう言って笑ったと言います。

「僕は品行が悪いから、教育の府に立つことはできない」

この話には続きがあります。天皇の侍講に推薦されたときも、これを同じ理由で受けなかった花井でしたが、田中義一内閣の司法大臣就任を求められて拒絶した時は、理由が違っていました。

「大臣なんてだれにもできるつまらないものだ。僕には弁護士という立派な職業がある。内閣が変われば、直ぐにやめさせられる大臣なんかになってどうする。弁護士という職は、そんなものとは比較にならぬ尊いものだ」（『花の弁論』）。

この二つの固辞のエピソードは、花井卓蔵という法曹人の中にある、明確な二つの姿勢を物語っています。一つは自らの品行を省みて、謙虚である姿。もう一つは弁護士という職業に堂々と胸を張り、その社会的役割と存在意義への強い自負を持った姿です。

彼は、門人たちに向かって、「僕は品性（一説では『品格』）は高潔だが、品行が悪いのだ」と語ったともいいます。品行悪を卑下しながらも、弁護士としての道徳的価値にかかわる品性・品格においては譲ることがない、彼のこだわりとも、絶妙な使い分けともみることができます。

これは、往年の著名な在野法曹の生き方をみる時、少なからず共通して感じることでもあります。弁護士という仕事の品格を重んじ、かつ、強い使命感に胸を張り、それを自ら生き方と直結して語る姿です。

当時の弁護士の中にもいろいろな人がいただろうと思いますし、こうして伝えられる著名な弁護士の姿で、すべてを語ることはもちろんできませんが、どうしてもそこに、今日の弁護士との精神性の違いを見てしまいたくなるのです。

すべては時代、国民のニーズの変遷とともに、弁護士像も変わるのだ、と誰かが言う声が聞こえてくるような気がします。弁護士の希少性ということもあり、当時と比べること自体に無理があるのかもしれません。もちろん、すべてが悪く変わったともいえません。市民社会という要素を考えなくてはいけません。

しかし、花井の時代から今日までのどこかで、弁護士の精神は変わった、変わってきた、そして、それが何よるものなのか、変わることによって何を得て何を失ったのか——ついそんなことを考えてしまうのです。

私が見てきた、このたかだか三〇年ほどでも、やはり弁護士は変わったと思います。泰然と構え、道を説くような存在感のある弁護士が消え、実務・技術を強調する弁護士たちからは、「正義」とか「使命感」といった言葉を聞かなくなったような印象があります。風格の中に感じられた「余裕」が、「頼もしさ」として受け取られる時代ではなく、いまや社会からは、特権にあぐらをかいている姿としてとられかねません。

権力との距離感は縮まり、「反権力」の旗をたなびかせている人も少なくなりました。「反権力は古い」という言葉も、弁護士の口から聞きました。その位置取りは変わりました。

弁護士が乗り出す社会を、弁護士が「改革」のスローガンに込めているほどに、「正義」が乗り出してくると受け止めている人が、社会にどれほどいるのかも疑わしいように思えます。もはやビジネスと弁護士業を切り離して弁護士を見る人は少なくなり、それに伴ってカネにまつわる弁護士の悪評も、社会にはあふれかえり、警戒感すらあります。
弁護士の社会的地位は表向きは向上しながらも、精神性において、その評価はどんどん下がってきているようにすら思えます。少なくとも弁護士という人々を、品性・品格にこだわっている存在であると、社会がどれだけ受け止めているかは疑問です。平均年収では決して分からない、弁護士の社会的地位です。

しかし、これからさらに弁護士は変わろうとしています。数は増え、当たり前のように、ビジネスローヤーを名乗る人々があふれ、サービス業として割り切った競争と淘汰にさらさる時代がやってこようとしています。ニーズとひとくくりにされるものについても、競争する側の当然の取捨が、他の商売と同様に行われるでしょう。

その未来社会の弁護士は、どんな精神性を持って、この国に存在しているのでしょうか。あるいは、そこにあふれかえる弁護士たちが、弁護士のプライドが、権力や経済的成功のためにではなく存在していた時代がかつてこの国に存在していた事実を、もはや「伝説」として語る未来もくるということなのでしょうか。

8　国民からの孤立への恐怖

軍に対する民主主義的なコントロールや軍備縮小を唱えていた戦前の「朝日新聞」が、日本の軍事行動を追認する方向に舵を切った「社論転換」のきっかけとなったのは、一九三一年九月一八日に勃発した「満州事変」だったとされています。

同新聞の司法記者で、編集委員を務めた藤森研さんは、著書『日本国憲法の旅』（花伝社）の中でこの「社論転換」の事情を分析されていますが、その一つの要因として、「国民からの孤立への恐怖」を挙げています。

満州事変前から高まっていた中国の排日運動などへ軍事行動をとるべきとする強硬論。「反軍部の軟弱外交の主唱者、朝日」といった朝日バッシングが右派団体などから出されていたが、「それだけであれば、『朝日』は耐えられたし、現に論調を変えることはなかった」と。

しかし、満州事変で国民の愛国心は一挙に湧き立ち、世論は「関東軍がんばれ」「悪い中国兵をやっつけろ」の合唱、軍への慰問金が新聞社にも続々と寄せられるなか、「朝日」は変わります。

「自らが熱狂をつくることに加担し、高まった世の排外熱に自らもしばられ、『朝日新聞』は孤立への恐怖の中で、多数派に身を寄せた」

彼はさらにこの中で、興味深いことを書いています。この「国民的孤立への恐怖」を、戦争協力時代からほとんど変わっていないメディアの要素の一つとして挙げている点です。それを受けた彼の結論は、戦前と変わったものは憲法体制、変わらないのはメディアの体質なのだから、護るべきは日本国憲法体制で、変えていくべきはメディアの体質である、というものでした。

　さて、この「国民からの孤立への恐怖」という要素は、まさしく弁護士会の体質にも当てはまると思います。新聞社同様、弁護士会にも戦争協力体制に転がるように傾斜していった歴史があります。そこにもまた、この要素がどのくらいの要因として、存在していたのかを考えてみることはできます。

　ただ、メディアの体質に対する藤森さんの指摘同様、今日の弁護士会の体質としても、これは存在しているのではないか、と思えます。弁護士に対する「ギルド批判」が、国民からの孤立化を恐れる意識を増幅させ、弁護士会を弁護士の数を含めた「改革」に積極的に関与させることにつながったとの見方はできます。「国民の理解」を基盤とする弁護士自治という宣言を含め、「国民」がちりばめられる弁護士会の対外的意見表明のなかからも、その意識はうかがえます。

　こう書くと、民主主義社会で世論からの離反を恐れるのは、ある意味当然ではないかという方もいると思います。しかし、問題は弁護士・弁護士会は、常に多数派世論に迎合するわけにはいかない存在であるということです。人権という立場に立つとき、必ずしも多数派世論を味方につけられない少数者・社会的弱者の側に立たなければならない局面があるからです。

　弁護士の増員の向こうに残る弁護士がどういう弁護士なのか、裁判員制度は「裁く側」の視点に立っているのかなどを考えてみるだけでも、今回の「改革」に対するスタンスとしても、その点で危なっかしい弁護士会の姿が見えてきます。

さらに、「国民からの孤立への恐怖」という弱点は、当然、その弱点をつく策に弱いことを意味します。「国民多数の支持」という御旗をちらつかせられた時、そこに結果が見えているということです。偽装された「世論」ですら、それは効果を持つという見方をする人間も現れます。

裁判員制度について、体験者の「やってよかった」コメントも含めて、「順調」の既成事実化を図り、国民に拒否反応があるこの制度が、あたかも国民に支持されているように「偽装」しているようにもとれます。こうしたことをきちっと見抜き、本質的な問題を指摘するのもまた、弁護士の仕事のはずです。

メディアにとって、この「恐怖」が過去のものでない例として、藤森さんは前記著書で、拉致問題で世の中が北朝鮮バッシングに高揚しているなか、核問題とも絡めた冷静な外交が大切ということさえ、非難を覚悟せざるを得ない時期があったことや、北方領土や竹島、尖閣などの領土問題も、少数意見を理解しようとするだけで、居丈高な非難が起きる事態があることを挙げて、こう書いています。

「『なんとなくの国民多数派』をバックにした一部の者の非難に、テレビもそうだが新聞も弱い」

「なんとなくの国民多数派」という非難を意識した、いわば情勢論を、この「改革」で弁護士会も優先させてこなかっただろうか、と思ってしまいます。

もちろん、藤森さんの著書での分析に引きつければ、そうした弁護士会は、依然、そうした多数派世論のなかで突き進む「戦争への道」には無力であるという要素をはらんでいることにもなります。

それにしても、その朝日新聞が裁判員制度の違憲性を主張する法律家の声を顧みず、推進論を掲げ、順調報道を繰り返し、弁護士会の弁護士増員への慎重論には「反革命的」ならぬ「反改革」の言葉を突きつけて批判をするなど、この「改革」で「なんとなくの国民多数派」の非難をちらつかせた姿勢で臨んでいるのは、どういうわけでしょうか。

これは、国民の非難を意識しているというよりも、やはり「自ら熱狂をつくることに加担」している姿のように思えるのですが。

9 「不安」に対する弁護士の役割

二〇一〇年、弁護士会内の一部で「トリベン」というものが話題になりました。大阪弁護士会の執行部が発表した、いわゆる「ゆるキャラ」で、「あなたの不安をトリのぞく弁護士」（もしくは「トリあえず弁護士に」）だそうで。賛否両論あるなかで、理事者がそれになりの思い入れがあって発表されたとか、残念ながら会員間では不評だとか、そんな話が伝えられています。

制作者側の意図がややからまわりする感じは、まさに正統派の「ゆるキャラ」というべきかもしれません。これで、理事者たちが、この着ぐるみを着て、街頭に立てば完璧ですが、どうもそこまでではないようです。

さて、どうも「トリベン」の話題は、そのキャラの方にいっているようですが、ここで注目したのは、そのコンセプトの方です。なぜなら、弁護士の仕事、社会での存在をアピールするのに、「不安を取り除く」というイメージを前面に出すものをあまり見かけなかったような気がするからです。と、同時に、弁護士の仕事が「不安を取り除く」という受け止め方がされている感じもあまりしません。

もちろん、トラブルに巻き込まれた市民は、「不安」のなかにあり、その解決は「不安を取り除く」ことですが、イメージとしては、当事者が巻き込まれている紛争自体を解決することが、ストレートに打ち出されているものを多く目にしてきたように思います。

逆に読みとれば、そこが狙いということかもしれません。「不安」というのは、紛争のもっと手前の状態も含めて、まずは弁護士のところに来てください、弁護士はそんな存在です、と。「トリあえず」の方も同様。ここに「身近な法律家」や、「社会生活上の医師」といったイメージに近い、いわば相談に応じるパートナー的な存在を示しているのか、とも思います。

もっとも、法律相談で解決してしまうレベルはともかく、相手のある話は、そこから始まり、裁判にでもなれば、依頼者・市民は結果が出るまで「不安」であり、弁護士がそれを取り除く努力をしてくれているとはいえ、それ自体がこのイメージにかぶせやすいとはやはり思えません。結果、敗訴した場合、その弁護士は「トリベン」か否かといった評価は、もちろん当事者側からはしにくいものになります。

そういう意味では、「不安を取り除く」というイメージが直接かぶせられる弁護士の仕事のレベルは、やや限定されるような印象も持ってしまいます。

それよりも、順序からいってもまず、弁護士が取り除かなければいけない不安は、弁護士自身に対するもののように思います。依頼者市民からすれば、どのように良い弁護士、つまり自分を助けてくれる弁護士にたどりつけるか、たどりついた弁護士が果たして自分を助けてくれるのか、この「不安」です。

一つには情報公開を含めた環境があります。ただ、それがどういう形で整備されるのか、あるいはできるのかは、簡単な問題ではありません。弁護士を適正に選べる材料と方法が与えられることが必要になりますが、競争による淘汰はその「不安」を解消するとは思えず、むしろそこには、その推進論者が口にしない、自己負担・自己責任の「不安」が横たわっています。

そして、さらにいうならば、弁護士という存在の質の低下、玉石混交の状態は、依頼者・市民には根本的不安要因だということです。弁護士という資格が一定の品質を保証してくれていないということが、いかに市民にとっての負担なのか、そこはもっと考えられなければなりません。数を増やすことよりも、そこの保証こそが不安を取り除くことにつながるのです。

それにしても、「トリベン」と聞いたならばまず、「焼き鳥弁当」が浮かびます。さらには、かつて問題になった「弁抜き」ならぬ「取り弁」（取り除く弁護士）だ、「（金）トリ弁」だという話まで。せめてこの言葉が、考案者の意図するものとは違う意味で、流通しないことを祈っています。

10　弁護士とボランティアの厄介な関係

弁護士の仕事と、いわゆるボランティア活動は、ある意味微妙な関係にあります。何が微妙かといえば、大衆からみて、本来の弁護士の仕事のある部分がボランティア活動のようにも見えてしまうということです。つまり、境目が分かりにくい。

その結果どういうことになるかというと、有償の弁護士のお仕事についても、「ボランティアでもいいんじゃないの」という意識が生まれやすいということだろうと思います。

代表的なものとしては、法律相談があると思います。法律相談は、おそらく大衆が最も無償性を期待する弁護士の仕事です。多くの市民の感覚では、相談は本来的にはビジネス同様、正式契約前の無料の領域にあってもいい、という受け止め方があります。要するに見積もりの段階で料金をとられる感覚があるのです。また、自治体などがやる無料法律相談のイメージがあり、相談まではボランティアでいいとするような感覚があるのかもしれません。

もちろん弁護士からすれば、相談自体が解決につながる場合もある法的指南ですので、当然に有料課金対象の仕事です。ただ、前記したような市民の意識も踏まえて、初回について無料にするなどの柔軟な姿勢を示しつつあり、弁護士側もこうした一般の感覚も理解していないわけではないと思います。

弁護士会が行う法律相談について、以前、東京の弁護士会で、これをボランティアと見るか会員の権利と見るかで議論になったことがありました。相談担当を外された会員が抗議したことに端を発したもので、担当を外すことは「ビジネスチャンス」を与えられる権利を奪うものではないか、という話になったのです。

ある意味、国民目線の話ではありませんが、法律相談の位置付けが、弁護士にとっても微妙な存在であることを示すものではあります。

ボランティアということでは、東京の三弁護士会と大阪弁護士会が、会員への公益活動を義務づけています。会によって若干内容が違い、義務的公益活動、一般的公益活動といった区分をして、いわゆるプロボノ活動との代替を可能にしているところもあれば、会務を中心にとらえているところもあり、やはりここでも公益活動と弁護士会会務の位置取りについては、若干の揺らぎがある印象を受けます。

ただ、これらの規定で最も問題になったのは、義務化の点です。いずれの会も、そうした活動をしなかった会員に負担金（東京、第一東京、大阪が年五万円、第二東京が一〇時間に満たなかった不足分一時間五〇〇〇円）を課しているのが、ペナルティととれるからです。

ボランティア活動の基本的理念は、自発（自由意思）性、無償（無給）性、公共（公益）性、先駆（開発、発展）性にあるとする考え方があります（文部省生涯学習局長通知）。これからすると、前記自発性を問わないことになる義務化は、少なくともその意味でボランティアとはいえないことになります。

もちろん、強制しなくてはやらなくなる、という趣旨ととれますし、弁護士の意識レベルはそれから逆算されても致し方ありません。ちなみに四弁護士会とも、会員のうち何人が、負担金を払って済ませているかは公表していません。

さて、最近の弁護士のブログで、弁護士は法科大学院へのボランティアをやめたらばどうだ、という意見が出ていました。

「弁護士は、法科大学院に、専任の学者教授よりはるかに忙しく、またリスクの高い仕事をしているのに、比べものにならないくらい安いギャラで、ボランティアとして法科大学院に協力しています。弁護士が、未来の法曹のためと思って、不満がありながらも、法科大学院にこれだけ奉仕しているのに、法科大学院は、未来の法曹のための給費制維持に対して『やめろ』などとぬかす。こんな法科大学院に、弁護士が何の協力を必要とするのか」（ブログ「福岡の家電弁護士　なにわ電気商会」）

法科大学院側の給費制維持に協力できないとする姿勢に対する怒りです。そんなことをいうのであれば、職業意識から来るボランティアは喜んでするが、法科大学院を潤す、あるいは学者がちゃんと教えきれない尻拭いを「ボランティア」としてやらせようとすることに、助力する義理はない、というわけです。

職業意識としてのボランティアで貢献するには、今の法科大学院がだれのためにあるのか分からなくなっている、ということでもあります。ボランティアというのであれば、もはや前記「公共性」がぐらついているということになるかもしれません。

それにしても、弁護士がボランティアで法科大学院に協力しているといった事実は、一般には知られていないことです。ボランティアでやらなくてもいいはずのことはボランティア扱いすべきとされ、ボランティアで自発的にやっていることは、ボランティアとは認められていない。弁護士というのは、よくよくそういう仕事なのかもしれません。

11 遠くなる「赤ひげ」弁護士の理想

「町医者のような」。かつて弁護士が、往年の同業者の生きざまを、こんな風に表現するのをよく耳にしてきました。

著名な大事件をやるわけでもなく、文字通り町の庶民の身近にいて、コツコツと小さな事件をこなしてきた姿をいうこの表現には、決して地味で、さえない弁護士のスタイルへのネガティブなニュアンスはなく、むしろ尊敬の念が込められているような響きすらありました。弁護士は「敷居が高い」とずっといわれてきた仕事ですが、不思議なことに、それでも市井の弁護士のスタイルを、どこか「あるべき姿」のようにとらえる意識の眼を持った人は、ずっといたようには思えるのです。

かなり以前のことになりますが、あるテレビ番組に出演していた弁護士が、かつて弁護士の広告が禁止されていた理由について尋ねられた時、弁護士の仕事に対する意識に触れ、こう言いました。

「従来の弁護士は、医者の『赤ひげ先生』のような存在になるのが望ましいと考えていたんです」

「赤ひげ先生」とは、山本周五郎の「赤ひげ診療譚」に登場する人物で、黒澤明監督の映画になったり、テレビドラマ化されたりして、一般によく知られることになったキャラクターです。

その時その弁護士が言いたかったのは、商売として、自ら広告・宣伝するのではなく、庶民に頼られ、自然とそこに人が集まる、そんな徳と技を兼ね備えて人物であるべき、とする弁護士の理想像でした。前記「町医者」のイメージともつながります。

印象に残っているのは、そういう彼も、これをどこか自嘲的に語っていたことでした。もちろん、昔からそんな理想とはおよそ無縁のような弁護士も沢山いたこともまた事実でしたが、その時の彼がそんな表情になったのは、既に広告を解禁し、自ら積極的に売り込むことを選択した現在の弁護士が、「赤ひげ」の理想像を、遠い過去ののどかな風景のように思わせてしまうくらい、かけ離れたものだったからだろうと思います。

今回の司法改革論議のなかで、法曹を医者にたとえる表現を目にすることになりました。二〇〇一年六月に出された司法制度改革審議会の最終意見書が表現し、この世界ではすっかりおなじみになっている「社会生活上の医師」というものです。

馬鹿げているかもしれませんが、あえて「赤ひげ」の理想を念頭に、この「改革」の「バイブル」とされた報告書をもう一度見てみました。弁護士のニーズは多様化し、そもそもが「赤ひげ」や「町医者」のイメージでは、とてもくくりきれないことは当然です。それでも、この理想がどこかに形を変えて、二一世紀の目指すべき司法の中に描き込まれていないのかと。

「弁護士の社会的責任（公益性）は、基本的には、当事者主義訴訟構造の下での精力的な訴訟活動など諸種の職務活動により、『頼もしい権利の護り手』として、職業倫理を保持しつつ依頼者（国民）の正当な権利利益の実現に奉仕することを通じて実践されると考えられる。弁護士は、国民の社会生活や企業の経済活動におけるパートナー、公的部門の担い手などとして、一層身近で、親しみやすく、頼りがいのある存在となるべく、その資質・能力の向上、国民との豊かなコミュニケーションの確保に努めなければならない」

「弁護士は、社会の広範かつ多様なニーズに一層積極的かつ的確に対応するよう、自ら意識改革に取り組むとともに、その公益的な使命にふさわしい職業倫理を自覚し、自らの行動を規律すべきである。同時に、弁護士は、『信頼しうる正義の担い手』として、通常の職務活動を超え、『公共性の空間』において正義の実現に責任を負うという社会的責任（公益性）をも自覚すべきである。その具体的内容や実践の態様には様々なものがありうるが、例えば、いわゆる『プロ・ボノ』活動（無償奉仕活動の意であり、例えば、社会的弱者の権利擁護活動などが含まれる）、国民の法的サービスへのアクセスの保障、公務への就任、後継者養成への関与等により社会に貢献することが期待されている」

「一層身近で、親しみやすく、頼りがいのある存在」という表現がありますが、気になるのは、「社会的弱者の権利活動」はあえて、通常の職務活動を超えた社会貢献としての無償の「プロ・ボノ活動」に括られているところです。

ある人はこれを、既に社会的責任を顧みず、ビジネスに走る多くの弁護士に対するクギとして、彼らへの自覚を促すために規定されているととるかもしれません。むしろ、弁護士の実態に対する警鐘だと。ただ、仮にそうだとしても、この一文が本当に社会的な弱者のために立ち上がる弁護士を、その真意としてこの国に残す意図があるのかが判然としません。それは、まさに「バイブル」に基づいて進行する弁護士の増員、そして、その結果としての「競争」が、そうした既に少数の弁護士が生存できる環境を奪う方向を向いているからでもあります。

過疎地で奮闘する「赤ひげ」を既に知らないかもしれない若手弁護士の中に、実は「赤ひげ」の理想のようなものを秘めて活動する有志がいるのかもしれない、という思いもよぎります。「改革」そのものよりも、有志の精神が支えているととれる彼らの姿を見るにつけても、この「改革」が最終的にどういう弁護士をこの国に残し、また残さないシナリオなのか、やはり、そのことから考えてみる必要があるように思います。

12　「義憤系」弁護士のすすめ

道理に反していることに対して、怒りをもって立ち向かうタイプの弁護士がいます。「義憤系」。こんな言葉はありませんが、そう名付けたくなるような弁護士です。自称するには、「義憤」というのは気恥かしいような、やや手前みそのようになりますし、そうしたニュアンスで自分のことを語る弁護士は、それを別にしても自嘲的なものいいになります。感情的なものに左右されているととれなくもないところが、冷静な状況分析と法的分析が求められる法律家のあり方としてはどうだろう、という気持ちもあるからだろうと思います。

しかし、「義憤系」がポーズとしてではなく、本当に一人間として発するそれに基づくということであれば、実は、弁護士を求める市民は、ものすごくそこに魅かれるのです。

紛争の当事者となった市民と話していると、このタイプが最も安心感を与えるのではないか、と思うことが度々ありました。

それは考えてみれば当然かもしれません。市民は弁護士探しのなかで、数少ない弁護士に関する情報をもとに、自分にとってのプラスの効用を推し量るわけですが、もし、その算定に狂いがあっても、究極は「正義感」の保証があれば、という気持ちもあるのです。

とりわけ依頼者の多くは、自らの置かれた状況に納得していません。自分の正義を理解し、主張してもらいたいと思っています。「正義感」としてそれを理解し、「義憤」にかられて闘ってくれたならば、徹底的に我がことのように闘う強い味方になってくれるのではないか、と。

別の見方をすれば、これは弁護士への不信感と表裏の関係にあるといってもいいかもしれません。弁護士との関係をカネでつながった、いわば「用心棒」的な存在とみればみるほど、どこまでこの弁護士はやってくれるのか、こちらの払うカネなりのサービスとなれば、果たして十全の主張や対応をしてくれるのか、という気持ちを大なり小なり持っています。弁護士が口にし始めている「ビジネス」とか「サービス」という言葉のとらえられ方には、そうした警戒感を生む面もあるのです。

「義憤」は、そういった不安を少し解消するものといえます。もちろん、口先で「義憤」にかられたようなことを言い、依頼者の気持ちを引きつけながら、実際はそうでもないといった弁護士もいなくはないので注意は必要です。ただ、表面的にはこの言葉からイメージされるような、正義に燃える熱血漢タイプではなく、表向きおっとりと冷静な人でも、実はめらめらと

「義憤」の炎を内に秘めて闘うタイプの弁護士を沢山知っています。個人的には、弁護士として信頼できるほうにポイントを加算したくなるタイプです。

「弁護士に求められる資格・学殖」について、元最高裁判事の色川幸太郎弁護士が一九八九年に行ったスピーチの引用が、あるホームページに掲載されていました（弁護士　小松亀一法律事務所）。

それによると色川弁護士は、一人前の弁護士の資格・条件として、第一が法律学と隣接諸科学を含む「豊かな学識」、第二が品格や説得力・人の話をじっくり聞くじっくり聞く辛抱強さを伴った「相手方を圧倒するだけの法廷技術」。そして、第三が「徳目」だと。

その「徳目」とは、「他人の不幸に対する感応力」であり、「不正に対して憤る力」だとしています。「義憤」はやはり、一人前の弁護士として備えておくべき条件としての「徳」だということです。色川弁護士は、「不正を許すことができないという、その感情を持ち続けなければ、弁護士たる値打ちはない」とまでおっしゃっています。

ただ最後に、「匹夫の勇」ではあってはならないとも付け加えていらっしゃいました。分別のない弁護士の「憤り」が市民のためにならないことも、また、そういう弁護士がいることも見抜いていらっしゃるようでもあります。

さて、弁護士大量増員時代。「ビジネス」「サービス」に生き残りをかけて覚悟を決める弁護士たちが増える未来では、おカネにならなくても立ち上がる本当の「義憤系」弁護士は、果たして生き残っているのでしょうか。

あとがき

福島原発事故以降、「原子力村」という言葉がマスコミやネットを通じて広く言われ、国民にも認識されることになりましたが、実は、司法改革にも「村」があります。「法科大学院村」「裁判員制度村」です。

「原子力村」の村民は、電力会社、プラントメーカー、監督官庁、原子力技術に肯定的な大学研究者、それに推進派マスコミの方々などですが、「法科大学院村」は、推進派の法曹三者、大学関係者、文科省、大マスコミで構成されています。「裁判員制度村」は、推進派の法曹三者、学者、産業界で、「原子力村」村民の東京電力、東芝、経団連は、ともに「裁判員制度村」の村民でもある、という話もあります。

「原子力村」よりも一般には注目されず、いまだ知られていないかもしれないそれら「司法改革村」にも、排他的で、何よりも制度の存続を第一に考える姿勢は共通して存在しています。

一〇年前、「改革」の構想に描き込まれた弁護士の激増政策や法科大学院が、当時の大きな見込み違いの結果によって破たんしようとしている今も、「村」からはあくまで理念の正しさを強調して、路線を突き進むことを叫ぶ声が聞かれます。

しかし、それは果たして誰のために主張されているものなのか、大きな疑問があります。その結果、どういう弁護士たちがこの社会で市民の前に現れようとしているのかも、本当のことが伝えられていないのです。

本書を通して、そのことを多くの人に少しでも見つめ直していただくことこそが本書の狙いであり、また願いでもあります。

最後に、前著『大増員時代の弁護士――弁護士観察日記ＰＡＲＴ１』に引き続き、出版の機会を与えて頂き、かつ多大なるご配慮と示唆に富むご助言を頂いた共栄書房の平田勝社長と、編集の労を取って頂きました同編集部の方々に、改めて御礼申し上げます。

二〇一一年一一月

河野真樹

河野真樹（こうの　まき）
1959年東京生まれ。1978年成蹊大学法学部法律学科入学。
1983年法律新聞社入社。編集部記者、編集主任を経て、編集部長（『週刊法律新聞』編集長）を務める。2010年退社、独立。
著書『大増員時代の弁護士——弁護士観察日記PART 1』（共栄書房、2011年）。

現在、司法関連の言論・投稿サイト「司法ウオッチ」を主宰するとともに、法曹界ウオッチャーとして、ブログ「元『法律新聞』編集長の弁護士観察日記」（http://kounomaki.blog84.fc2.com/）を執筆中。

破綻する法科大学院と弁護士——弁護士観察日記PART2

2011年11月25日　初版第1刷発行

著者 ——河野真樹
発行者 —平田　勝
発行 ——共栄書房
〒101-0065　東京都千代田区西神田2-5-11 出版輸送ビル2F
電話　03-3234-6948
FAX　03-3239-8272
E-mail　master@kyoeishobo.net
URL　http://www.kyoeishobo.net
振替　00130-4-118277
装幀 ——黒瀬章夫
印刷・製本—株式会社シナノ

ISBN978-4-7634-1045-0　C0036